Emilia Pardo Bazán

Cuentos de amor

Barcelona **2024**
Linkgua-ediciones.com

Créditos

Título original: Cuentos de amor.

© 2024, Red ediciones S.L.

e-mail: info@linkgua.com

Diseño de cubierta: Michel Mallard.

ISBN rústica: 978-84-9953-813-6.
ISBN ebook: 978-84-9007-743-6.

Sumario

Brevísima presentación

La vida
Emilia Pardo Bazán (1851-1921). España.

Nació el 16 de septiembre en A Coruña. Hija de los condes de Pardo Bazán, título que heredó en 1890. En su adolescencia escribió algunos versos y los publicó en el *Almanaque de Soto Freire*.

En 1868 contrajo matrimonio con José Quiroga, vivió en Madrid y viajó por Francia, Italia, Suiza, Inglaterra y Austria; sus experiencias e impresiones quedaron reflejadas en libros como *Al pie de la torre Eiffel* (1889), *Por Francia y por Alemania* (1889) o *Por la Europa católica* (1905).

En 1876 Emilia editó su primer libro, *Estudio crítico de Feijoo*, y una colección de poemas, *Jaime*, con motivo del nacimiento de su primer hijo. *Pascual López*, su primera novela, se publicó en 1879 y en 1881 apareció *Viaje de novios*, la primera novela naturalista española. Entre 1831 y 1893 editó la revista *Nuevo Teatro Crítico* y en 1896 conoció a Émile Zola, Alphonse Daudet y los hermanos Goncourt. Además tuvo una importante actividad política como consejera de Instrucción Pública y activista feminista.

Desde 1916 hasta su muerte el 12 de mayo de 1921, fue profesora de Literaturas románicas en la Universidad de Madrid.

El amor asesinado

Nunca podrá decirse que la infeliz Eva omitió ningún medio lícito de zafarse de aquel tunantuelo de Amor, que la perseguía sin dejarle punto de reposo.

Empezó poniendo tierra en medio, viajando para romper el hechizo que sujeta al alma a los lugares donde por primera vez se nos aparece el Amor. Precaución inútil, tiempo perdido; pues el pícaro rapaz se subió a la zaga del coche, se agazapó bajo los asientos del tren, más adelante se deslizó en el saquillo de mano, y por último en los bolsillos de la viajera. En cada punto donde Eva se detenía, sacaba el Amor su cabecita maliciosa y le decía con sonrisa picaresca y confidencial: «No me separo de ti. Vamos juntos.»

Entonces Eva, que no se dormía, mandó construir altísima torre bien resguardada con cubos, bastiones, fosos y contrafosos, defendida por guardias veteranos, y con rastrillos y macizas puertas chapeadas y claveteadas de hierro, cerradas día y noche. Pero al abrir la ventana, un anochecer que se asomó agobiada de tedio a mirar el campo y a gozar la apacible y melancólica luz de la Luna saliente, el rapaz se coló en la estancia; y si bien le expulsó de ella y colocó rejas dobles, con agudos pinchos, y se encarceló voluntariamente, solo consiguió Eva que el amor entrase por las hendiduras de la pared, por los canalones del tejado o por el agujero de la llave.

Furiosa, hizo tomar las grietas y calafatear los intersticios, creyéndose a salvo de atrevimientos y demasías; mas no contaba con lo ducho que es en tretas y picardihuelas el Amor. El muy maldito se disolvió en los átomos del aire, y envuelto en ellos se le metió en boca y pulmones, de modo que Eva se pasó el día respirándole, exaltada, loca, con una fiebre muy semejante a la que causa la atmósfera sobresaturada de oxígeno.

Ya fuera de tino, desesperando de poder tener a raya al malvado Amor, Eva comenzó a pensar en la manera de librarse de él definitivamente, a toda costa, sin reparar en medios ni detenerse en escrúpulos. Entre el Amor y Eva, la lucha era a muerte, y no importaba el cómo se vencía, sino solo obtener la victoria.

Eva se conocía bien, no porque fuese muy reflexiva, sino porque poseía instinto sagaz y certero; y conociéndose, sabía que era capaz de engatusar con maulas y zalamerías al mismo diablo, que no al Amor, de suyo inflamable y fácil de seducir. Propúsose, pues, chasquear al Amor, y desembarazarse de él sobre seguro y traicioneramente, asesinándole.

Preparó sus redes y anzuelos, y poniendo en ellos cebo de flores y de miel dulcísima, atrajo al Amor haciéndole graciosos guiños y dirigiéndole sonrisas de embriagadora ternura y palabras entre graves y mimosas, en voz velada por la emoción, de notas más melodiosas que las del agua cuando se destrenza sobre guijas o cae suspirando en morisca fuente.

El Amor acudió volando, alegre, gentil, feliz, aturdido y confiado como niño, impetuoso y engreído como mancebo, plácido y sereno como varón vigoroso.

Eva le acogió en su regazo; acarició le con felina blandura; sirvió le golosinas; le arrulló para que se adormeciese tranquilo, y así que le vio calmarse recostando en su pecho la cabeza, se preparó a estrangularle, apretándole la garganta con rabia y brío.

Un sentimiento de pena y lástima la contuvo, sin embargo, breves instantes. ¡Estaba tan lindo, tan divinamente hermoso el condenado Amor aquel! Sobre sus mejillas de nácar, palidecidas por la felicidad, caía una lluvia de rizos de oro, finos como las mismas hebras de la luz; y de su boca purpúrea, risueña aún, de entre la doble sarta de piñones mondados de sus dientes, salía un soplo aromático, igual y puro. Sus azules pupilas, entreabiertas, húmedas, conservaban la languidez dichosa de los últimos instantes; y plegadas sobre su cuerpo de helénicas proporciones, sus alas color de rosa parecían pétalos arrancados. Eva notó ganas de llorar...

No había remedio; tenía que asesinarle si quería vivir digna, respetada, libre..., no cerrando los ojos por no ver al muchacho, apretó las manos enérgicamente, largo, largo tiempo, horrorizada del estertor que oía, del quejido sordo y lúgubre exhalado por el Amor agonizante.

Al fin, Eva soltó a la víctima y la contempló... El Amor ni respiraba ni se rebullía; estaba muerto, tan muerto como mi abuela.

Al punto mismo que se cercioraba de esto, la criminal percibió un dolor terrible, extraño, inexplicable, algo como una ola de sangre que ascendía a su cerebro, y como un aro de hierro que oprimía gradualmente su pecho, asfixiándola. Comprendió lo que sucedía...

El Amor a quien creía tener en brazos, estaba más adentro, en su mismo corazón, y Eva, al asesinarle, se había suicidado.

El viajero

Fría, glacial era la noche. El viento silbaba medroso y airado, la lluvia caía tenaz, ya en ráfagas, ya en fuertes chaparrones; y las dos o tres veces que Marta se había atrevido a acercarse a su ventana por ver si aplacaba la tempestad, la deslumbró la cárdena luz de un relámpago y la horrorizó el rimbombar del trueno, tan encima de su cabeza, que parecía echar abajo la casa.

Al punto en que con más furia se desencadenaban los elementos, oyó Marta distintamente que llamaban a su puerta, y percibió un acento plañidero y apremiante que la instaba a abrir. Sin duda que la prudencia aconsejaba a Marta desoírlo, pues en noche tan espantosa, cuando ningún vecino honrado se atreve a echarse a la calle, solo los malhechores y los perdidos libertinos son capaces de arrostrar viento y lluvia en busca de aventuras y presa. Marta debió de haber reflexionado que el que posee un hogar, fuego en él, y a su lado una madre, una hermana, una esposa que le consuele, no sale en el mes de enero y con una tormenta desatada, ni llama a puertas ajenas, ni turba la tranquilidad de las doncellas honestas y recogidas. Mas la reflexión, persona dignísima y muy señora mía, tiene el maldito vicio de llegar retrasada, por lo cual solo sirve para amargar gustos y adobar remordimientos. La reflexión de Marta se había quedado zaguera, según costumbre, y el impulso de la piedad, el primero que salta en el corazón de la mujer, hizo que la doncella, al través del postigo, preguntase compadecida:

—¿Quién llama?

Voz de tenor dulce y vibrante respondió en tono persuasivo:

—Un viajero.

Y la bienaventurada de Marta, sin meterse en más averiguaciones, quitó la tranca, descorrió el cerrojo y dio vuelta a la llave, movida por el encanto de aquella voz tan vibrante y tan dulce.

Entró el viajero, saludando cortésmente; y sacudiendo con gentil desembarazo el chambergo, cuyas plumas goteaban, y desembozándose la capa, empapada por la lluvia, agradeció la hospitalidad y tomó asiento cerca de la lumbre, bien encendida por Marta. Esta apenas se atrevía a mirarle, porque en aquel punto la consabida tardía reflexión empezaba a hacer de las suyas, y Marta comprendía que dar asilo al primero que llama es ligereza notoria. Con todo, aun sin decidirse a levantar los ojos, vio de soslayo que su huésped era mozo y de buen talle, descolorido, rubio, cara linda y triste, aire de señor, acostumbrado al mando y a ocupar alto puesto. Sintióse Marta encogida y llena de confusión, aunque el viajero se mostraba reconocido y le decía cosas halagüeñas, que por el hechizo de la voz lo parecían más; y a fin de disimular su turbación, se dio prisa a servir la cena y ofrecer al viajero el mejor cuarto de la casa, donde se recogiese a dormir.

Asustada de su propia indiscreta conducta, Marta no pudo conciliar el sueño en toda la noche, esperando con impaciencia que rayase el alba para que se ausentase el huésped. Y sucedió que éste, cuando bajó, ya descansado y sonriente, a tomar el desayuno, nada habló de marcharse, ni tampoco a la hora de comer, ni menos por la tarde; y Marta, entretenida y embelesada con su labia y sus paliques, no tuvo valor para decirle que ella no era mesonera de oficio.

Corrieron semanas, pasaron meses, y en casa de Marta no había más dueño ni más amo que aquel viajero a quien en una noche tempestuosa tuvo la imprevisión de acoger. Él mandaba, y Marta obedecía, sumisa, muda, veloz como el pensamiento.

No creáis por eso que Marta era propiamente feliz. Al contrario, vivía en continua zozobra y pena. He calificado de amo al viajero, y tirano debí llamarle, pues sus caprichos despóticos y su inconstante humor traían a Marta medio loca. Al principio, el viajero parecía obediente, afectuoso, zalamero, humilde; pero fue creciéndose y tomando fueros, hasta no haber quien le soportase. Lo peor de todo era que nunca podía Marta adivinarle el deseo ni precaverle la desazón: sin motivo ni causa, cuando menos debía temerse o esperarse, estaba frenético o contentísimo, pasando, en menos que se dice, del enojo al halago y de la risa a la rabia. Padecía arrebatos de furor y berrinches injustos e insensatos, que a los dos minutos se convertían en transportes de cariño y en placideces angelicales; ya se emperraba como un chico, ya se desesperaba como un hombre; ya hartaba a Marta de improperios, ya le prodigaba los nombres más dulces y las ternezas más rendidas.

Sus extravagancias eran a veces tan insufribles, que Marta, con los nervios de punta, el alma de través y el corazón a dos dedos de la boca, maldecía el fatal momento en que dio acogida a su terrible huésped. Lo malo es que cuando justamente Marta, apurada la paciencia, iba a saltar y a sacudir el yugo, no parece sino que él lo adivinaba, y pedía perdón con una sinceridad y una gracia de chiquillo, por lo cual Marta no solo olvidaba instantáneamente sus agravios, sino que, por el exquisito goce de perdonar, sufriría tres veces las pasadas desazones.

¡Que en olvido las tenía puestas.... cuando el huésped, a medias palabras y con precauciones y rodeos, anunció que «ya» había llegado la ocasión de su partida! Marta se quedó de mármol, y las lágrimas lentas que le arrancó la desesperación cayeron sobre las manos del viajero, que sonreía tristemente y murmuraba en voz baja frasecitas consoladoras, promesas de escribir, de volver, de recordar. Y como Marta, en su amargura, balbucía reproches, el huésped, con aquella voz de tenor dulce y vibrante, alegó por vía de disculpa:

—Bien te dije, niña que soy un viajero. Me detengo, pero no me estaciono; me poso, no me fijo.

Y habéis de saber que solo al oír esta declaración franca, solo al sentir que se desgarraban las fibras más íntimas de su ser, conoció la inocentona de Marta que aquel fatal viajero era el Amor, y que había abierto la puerta, sin pensarlo, al dictador cruelísimo del orbe.

Sin hacer caso del llanto de Marta (¡para atender a lagrimitas está él!), sin cuidarse del rastro de pena inextinguible que dejaba en pos de sí, el Amor se fue, embozado en su capa, ladeado el chambergo —cuyas plumas, secas ya, se rizaban y flotaban al viento bizarramente— en busca de nuevos horizontes, a llamar a otras puertas mejor trancadas y defendidas. Y Marta quedó tranquila, dueña de su hogar, libre de sustos, de temores, de alarmas, y entregada a la compañía de la grave y excelente reflexión, que tan bien aconseja, aunque un poquillo tarde. No sabemos lo que habrán platicado; solo tenemos noticias ciertas de que las noches de tempestad furiosa, cuando el viento silba y la lluvia se estrella contra los vidrios, Marta, apoyando la mano sobre su corazón, que le duele a fuerza de latir apresurado, no cesa de prestar oído, por si llama a la puerta el huésped.

Blanco y Negro, núm. 246, 1896.

El corazón perdido

Yendo una tardecita de paseo por las calles de la ciudad, vi en el suelo un objeto rojo; me bajé: era un sangriento y vivo corazón que recogí cuidadosamente. «Debe de habérsele perdido a alguna mujer», pensé al observar la blancura y delicadeza de la tierna víscera, que, al contacto de mis dedos, palpitaba como si estuviese dentro del pecho de su dueño. Lo envolví con esmero dentro de un blanco paño, lo abrigué, lo escondí bajo mi ropa, y me dediqué a averiguar quién era la mujer que había perdido el corazón en la calle. Para indagar mejor, adquirí unos maravillosos anteojos que permitían ver, al través del corpiño, de la ropa interior, de la carne y de las costillas — como por esos relicarios que son el busto de una santa y tienen en el pecho una ventanita de cristal—, el lugar que ocupa el corazón.

Apenas me hube calado mis anteojos mágicos, miré ansiosamente a la primera mujer que pasaba, y ¡oh asombro!, la mujer no tenía corazón. Ella debía de ser, sin duda, la propietaria de mi hallazgo. Lo raro fue que, al decirle yo cómo había encontrado su corazón y lo conservaba a sus órdenes de si gustaba recogerlo, la mujer, indignada, juró y perjuró que no había perdido cosa alguna; que su corazón estaba donde solía y que lo sentía perfectamente pulsar, recibir y expeler la sangre. En vista de la terquedad de la mujer, la dejé y me volví hacia otra, joven, linda, seductora, alegre. ¡Dios santo! En su blanco pecho vi la misma oquedad, el mismo agujero rosado, sin nada allá dentro, nada, nada. ¡Tampoco ésta tenía corazón! Y cuando le ofrecí respetuosamente el que yo llevaba guardadito, menos aún lo quiso admitir, alegando que era ofenderla de un modo grave suponer que, o le faltaba el corazón, o era tan descuidada que había podido perderlo así en la vía pública sin que lo advirtiese.

Y pasaron centenares de mujeres, viejas y mozas, lindas y feas, morenas y pelirrubias, melancólicas y vivarachas; y a todas les eché los anteojos, y en todas noté que del corazón solo tenían el sitio, pero que el órgano, o no había existido nunca, o se había perdido tiempo atrás. Y todas, todas sin excepción alguna, al querer yo devolverles el corazón de que carecían, negábanse a aceptarlo, ya porque creían tenerlo, ya porque sin él se encontraban divinamente, ya porque se juzgaban injuriadas por la oferta, ya porque no se atrevían a arrostrar el peligro de poseer un corazón. Iba desesperando de restituir a un pecho de mujer el pobre corazón abandonado, cuando, por casualidad, con ayuda de mis prodigiosos lentes, acerté a ver que pasaba por la calle una niña pálida, y en su pecho, ¡por fin!, distinguí un corazón, un verdadero corazón de carne, que saltaba, latía y sentía. No sé por qué —pues reconozco que era un absurdo brindar corazón a quien lo tenía tan vivo y tan despierto— se me ocurrió hacer la prueba de presentarle el que habían desechado todas, y he aquí que la niña, en vez de rechazarme como las demás, abrió el seno y recibió el corazón que yo, en mi fatiga, iba a dejar otra vez caído sobre los guijarros.

Enriquecida con dos corazones, la niña pálida se puso mucho más pálida aún: las emociones, por insignificantes que fuesen, la estremecían hasta la médula; los afectos vibraban en ella con cruel intensidad; la amistad, la compasión, la tristeza, la alegría, el amor, los celos, todo era en ella profundo y terrible; y la muy necia, en vez de resolverse a suprimir uno de sus dos corazones, o los dos a un tiempo, diríase que se complacía en vivir doble vida espiritual, queriendo, gozando y sufriendo por duplicado, sumando impresiones de esas que bastan para extinguir la vida. La criatura era como vela encendida por los dos cabos, que se consume en breves instantes. Y, en efecto, se consumió. Tendida en su lecho de muerte, lívida y tan demacrada y delgada que parecía un pajarillo, vinieron los médicos y aseguraron que lo que la arrebataba de este mundo era la rotura de un aneurisma. Ninguno (¡son tan torpes!) supo adivinar la verdad: ninguno comprendió que la niña se había muerto por cometer la imprudencia de dar asilo en su pecho a un corazón perdido en la calle.

Mi suicidio

A Campoamor

Muerta «ella»; tendida, inerte, en el horrible ataúd de barnizada caoba que aún me parecía ver con sus doradas molduras de antipático brillo, ¿qué me restaba en el mundo ya? En ella cifraba yo mi luz, mi regocijo, mi ilusión, mi delicia toda..., y desaparecer así, de súbito, arrebatada en la flor de su juventud y de su seductora belleza, era tanto como decirme con melodiosa voz, la voz mágica, la voz que vibraba en mi interior produciendo acordes divinos: «Pues me amas, sígueme.»

¡Seguirla! Sí; era la única resolución digna de mi cariño, a la altura de mi dolor, y el remedio para el eterno abandono a que me condenaba la adorada criatura huyendo a lejanas regiones.

Seguirla, reunirme con ella, sorprenderla en la otra orilla del río fúnebre... y estrecharla delirante, exclamando: «Aquí estoy. ¿Creías que viviría sin ti? Mira cómo he sabido buscarte y encontrarte y evitar que de hoy más nos separe poder alguno de la tierra ni del cielo.»

....

Determinado a realizar mi propósito, quise verificarlo en aquel mismo aposento donde se deslizaron insensiblemente tantas horas de ventura, medidas por el suave ritmo de nuestros corazones... Al entrar olvidé la desgracia, y parecióme que «ella», viva y sonriente, acudía como otras veces a mi encuentro, levantando la cortina para verme más pronto, y dejando irradiar en sus pupilas la bienvenida, y en sus mejillas el arrebol de la felicidad.

Allí estaba el amplio sofá donde nos sentábamos tan juntos como si fuese estrechísimo; allí la chimenea hacia cuya llama tendía los piececitos, y a la cual yo, envidioso, los disputaba abrigándolos con mis manos, donde cabían holgadamente; allí la butaca donde se aislaba, en los cortos instantes de enfado pueril que duplicaban el precio de las reconciliaciones; allí la gorgona de irisado vidrio de Salviati, con las últimas flores, ya secas y pálidas, que su mano había dispuesto artísticamente para festejar mi presencia... Y allí, por último, como maravillosa resurrección del pasado, inmortalizando su adorable forma, ella, ella misma... es decir, su retrato, su gran retrato de cuerpo entero, obra maestra de célebre artista, que la representaba sentada, vistiendo uno de mis trajes preferidos, la sencilla y airosa funda de blanca seda que la envolvía en una nube de espuma. Y era su actitud familiar, y eran sus ojos verdes y lumínicos que me fascinaban, y era su boca entreabierta, como para exclamar, entre halago y represión, el «¡qué tarde vienes!» de la impaciencia cariñosa; y eran sus brazos redondos, que se ceñían a mi cuello como la ola al tronco del náufrago, y era, en suma, el fidelísimo trasunto de los rasgos y colores, al través de los cuales me había cautivado un alma; imagen encantadora que significaba para mí lo mejor de la existencia... Allí, ante todo cuanto me hablaba de ella y me recordaba nuestra unión; allí, al pie del querido retrato, arrodillándome en el sofá, debía yo apretar el gatillo de la pistola inglesa de dos cañones —que lleva en su seno el remedio de todos los males y el pasaje para arribar al puerto donde «ella» me aguardaba...—. Así no se borraría de mis ojos ni un segundo su efigie: los cerraría mirándola, y volvería a abrirlos, viéndola no ya en pintura, sino en espíritu...

La tarde caía; y como deseaba contemplar a mi sabor el retrato, al apoyar en la sien el cañón de la pistola, encendí la lámpara y todas las bujías de los candelabros. Uno de tres brazos había sobre el secrétaire de palo de rosa con incrustaciones, y al acercar al pábilo el fósforo, se me ocurrió que allí dentro estarían mis cartas, mi retrato, los recuerdos de nuestra dilatada e íntima historia. Un vivaz deseo de releer aquellas páginas me impulsó a abrir el mueble.

Es de advertir que yo no poseía cartas de ella: las que recibía devolvíalas una vez leídas, por precaución, por respeto, por caballerosidad. Pensé que acaso ella no había tenido valor para destruirlas, y que de los cajoncitos del secrétaire volvería a alzarse su voz insinuante y adorada, repitiendo las dulces frases que no habían tenido tiempo de grabarse en mi memoria. No vacilé —¿vacila el que va a morir?— en descerrajar con violencia el primoroso mueblecillo. Saltó en astillas la cubierta y metí la mano febrilmente en los cajoncitos, revolviéndolos ansioso.

Solo en uno había cartas. Los demás los llenaban cintas, joyas, dijecillos, abanicos y pañuelos perfumados. El paquete, envuelto en un trozo de rica seda brochada, lo tomé muy despacio, lo palpé como se palpa la cabeza del ser querido antes de depositar en ella un beso, y acercándome a la luz, me dispuse a leer. Era letra de ella: eran sus queridas cartas. Y mi corazón agradecía a la muerta el delicado refinamiento de haberlas guardado allí, como testimonio de su pasión, como codicilo en que me legaba su ternura.

Desaté, desdoblé, empecé a deletrear... Al pronto creía recordar las candentes frases, las apasionadas protestas y hasta las alusiones a detalles íntimos, de esos que solo pueden conocer dos personas en el mundo. Sin embargo, a la segunda carilla un indefinible malestar, un terror vago, cruzaron por mi imaginación como cruza la bala por el aire antes de herir. Rechacé la idea; la maldije; pero volvió, volvió..., y volvió apoyada en los párrafos de la carilla tercera, donde ya hormigueaban rasgos y pormenores imposibles de referir a mi persona y a la historia de mi amor... A la cuarta carilla, ni sombra de duda pudo quedarme: la carta se había escrito a otro, y recordaba otros días, otras horas, otros sucesos, para mí desconocidos...

Repasé el resto del paquete; recorrí las cartas una por una, pues todavía la esperanza terca me convidaba a asirme de un clavo ardiendo... Quizá las demás cartas eran las mías, y solo aquélla se había deslizado en el grupo, como aislado memento de una historia vieja y relegada al olvido... Pero al examinar los papeles, al descifrar, frotándome los ojos, un párrafo aquí y otro acullá, hube de convencerme: ninguna de las epístolas que contenía el paquete había sido dirigida a mí... Las que yo recibí y restituí con religiosidad, probablemente se encontraban incorporadas a la ceniza de la chimenea; y las que, como un tesoro, «ella» había conservado siempre, en el oculto rincón del secrétaire, en el aposento testigo de nuestra ventura..., señalaban, tan exactamente como la brújula señala al Norte, la dirección verdadera del corazón que yo juzgara orientado hacia el mío... ¡Más dolor, más infamia! De los terribles párrafos, de las páginas surcadas por rengloncitos de una letra que yo hubiese reconocido entre todas las del mundo, saqué en limpio que «tal vez».... al «mismo tiempo».... o «muy poco antes»... Y una voz irónica gritábame al oído: «¡Ahora sí.... ahora sí que debes suicidarte, desdichado!»

Lágrimas de rabia escaldaron mis pupilas; me coloqué, según había resuelto, frente al retrato; empuñé la pistola, alcé el cañón... y, apuntando fríamente, sin prisa, sin que me temblase el pulso.... con los dos tiros.... reventé los dos verdes y lumínicos ojos que me fascinaban.

El Imparcial, 12 de marzo 1894.

La última ilusión de Don Juan

Las gentes superficiales, que nunca se han tomado el trabajo de observar al microscopio la complicada mecánica del corazón, suponen buenamente que a Don Juan, el precoz libertino, el burlador sempiterno, le bastan para su satisfacción los sentidos y, a lo sumo, la fantasía, y que no necesita ni gasta el inútil lujo del sentimiento, ni abre nunca el dorado ajimez donde se asoma el espíritu para mirar al cielo cuando el peso de la tierra le oprime. Y yo os digo, en verdad, que esas gentes superficiales se equivocan de medio a medio, y son injustas con el pobre Don Juan, a quien solo hemos comprendido los poetas, los que tenemos el alma inundada de caridad y somos perspicaces.... cabalmente porque, cándidos en apariencia, creemos en muchas cosas.

A fin de poner la verdad en su punto, os contaré la historia de cómo alimentó y sostuvo Don Juan su última ilusión..., y cómo vino a perderla.

Entre la numerosa parentela de Don Juan —que, dicho sea de paso, es hidalgo como el rey— se cuentan unas primitas provincianas muy celebradas de hermosas. La más joven, Estrella, se distinguía de sus hermanas por la dulzura del carácter, la exaltación de la virtud y el fervor de la religiosidad, por lo cual en su casa la llamaban la Beatita. Su rostro angelical no desmentía las cualidades del alma: parecíase a una Virgen de Murillo, de las que respiran honestidad y pureza (porque algunas, como la morena «de la servilleta», llamada Refitolera, solo respiran juventud y vigor). Siempre que el humor vagabundo de Don Juan le impulsaba a darse una vuelta por la región donde vivían sus primas, iba a verlas, frecuentaba su trato y pasaba con Estrella pláticas interminables. Si me preguntáis qué imán atraía al perdido hacia la santa, y más aún a la santa hacia el perdido, os diré que era quizás el mismo contraste de sus temperamentos.... y después de esta explicación nos quedaremos tan enterados como antes.

Lo cierto es que mientras Don Juan galanteaba por sistema a todas las mujeres, con Estrella hablaba en serio, sin permitirse la más mínima insinuación atrevida; y que mientras Estrella rehuía el trato de todos los hombres, veníase a la mano de Don Juan como la mansa paloma, confiada, segura de no mancharse el plumaje blanco. Las conversaciones de los primos podía oírlas el mundo entero; después de horas de charla inofensiva, reposada y dulce, levantábanse tan dueños de sí mismos, tan tranquilos, tan venturosos, y Estrella volaba a la cocina o a la despensa a preparar con esmero algún plato de los que sabía que agradaban a Don Juan. Saboreaba éste, más que las golosinas, el mimo con que se las presentaban, y la frescura de su sangre y la anestesia de sus sentidos le hacían bien, como un refrigerante baño al que caminó largo tiempo por abrasados arenales.

Cuando Don Juan levantaba el vuelo, yéndose a las grandes ciudades en que la vida es fiebre y locura, Estrella le escribía difusas cartas, y él contestaba en pocos renglones, pero siempre. Al retirarse a su casa, al amanecer, tambaleándose, aturdido por la bacanal o vibrantes aún sus nervios de las violentas emociones de la profana cita; al encerrarse para mascar, entre risa irónica, la hiel de un desengaño —porque también Don Juan los cosecha—; al prepararse al lance de honor templando la voluntad para arrostrar impávido la muerte; al reír; al blasfemar, al derrochar su mocedad y su salud cual pródigo insensato de los mejores bienes que nos ofrece el Cielo, Don Juan reservaba y apartaba, como se aparta el dinero para una ofrenda a Nuestra señora, diez minutos que dedicar a Estrella. En su ambición de cariño, aquella casta consagración de un ser tan delicado y noble representaba el sorbo de agua que se bebe en medio del combate y restituye al combatiente fuerzas para seguir lidiando. Traiciones, falsías, perfidias y vilezas de otras mujeres podían llevarse en paciencia, mientras en un rincón del mundo alentase el leal afecto de Estrella la Beatita. A cada carta ingenua y encantadora que recibía Don Juan, soñaba el mismo sueño; se veía caminando difícilmente por entre tinieblas muy densas, muy frías, casi palpables, que rasgaban por intervalos la luz sulfurosa del relámpago y el culebreo del rayo, pero allá lejos, muy lejos, donde ya el cielo se esclarecía un poco, divisaba Don Juan blanca figura velada, una mujer con los ojos bajos, sosteniendo en la diestra una lamparita encendida y protegiéndola con la izquierda. Aquella luz no se apagaba jamás.

En efecto, corrían años, Don Juan se precipitaba despeñado, por la pendiente de su delirio, y las cartas continuaban con regularidad inalterable, impregnadas de igual ternura latente y serena. Eran tan gratas a Don Juan estas cartas, que había determinado no volver a ver a su prima nunca, temeroso de encontrarla desmejorada y cambiada por el tiempo, y no tener luego ilusión bastante para sostener la correspondencia. A toda costa deseaba eternizar su ensueño, ver siempre a Estrella con rostro murillesco, de santita virgen de veinte años. Las epístolas de Don Juan, a la verdad, expresaban vivo deseo de hacer a su prima una visita, de renovar la charla sabrosa; pero como nadie le impedía a Don Juan realizar este propósito, hay que creer, pues no lo realizaba, que la gana no debía de apretarle mucho.

Eran pasados dos lustros, cuando un día recibió Don Juan, en vez del ancho pliego acostumbrado, escrito por las cuatro carillas y cruzado después, una esquelita sin cruzar, grave y reservada en su estilo, y en que hasta la letra carecía del abandono que imprime la efusión del espíritu guiando la mano y haciéndola acariciar, por decirlo así, el papel. ¡Oh mujer, oh agua corriente, oh llama fugaz, oh soplo de aire! Estrella pedía a don Juan que ni se sorprendiese ni se enojase, y le confesaba que iba a casarse muy pronto... Se había presentado un novio a pedir de boca, un caballero excelente, rico, honrado, a quien el padre de Estrella debía atenciones sin cuento; y los consejos y exhortaciones de «todos» habían decidido a la santita, que esperaba, con la ayuda de Dios, ser dichosa en su nuevo estado y ganar el cielo.

Quedó Don Juan absorto breves instantes; luego arrugó el papel y lo lanzó con desprecio a la encendida chimenea. ¡Pensar que si alguien le hubiese dicho dos horas antes que podía casarse Estrella, al tal le hubiese tratado de bellaco calumniador! ¡Y se lo participaba ella misma, sin rubor, como el que cuenta la cosa más natural y lícita del mundo!

Desde aquel día, Don Juan, el alegre libertino, ha perdido su última ilusión; su alma va peregrinando entre sombras, sin ver jamás el resplandorcito de la lámpara suave que una virgen protege con la mano; y el que aún tenía algo de hombre, es solo fiera, con dientes para morder y garras para destrozar sin misericordia. Su profesión de fe es una carcajada cínica; su amor, un latigazo que quema y arranca la piel haciendo brotar la sangre.

Me diréis que la santita tenía derecho a buscar felicidades reales y goces siempre más puros que los que libaba sin tregua su desenfrenado ídolo. Y acaso diréis muy bien, según el vulgar sentido común y la enana razoncilla práctica. ¡Que esa enteca razón os aproveche! En el sentir de los poetas, menos malo es ser galeote del vicio que desertor del ideal. La santita pecó contra la poesía y contra los sueños divinos del amor irrealizable. Don Juan, creyendo en su abnegación eterna, era, de los dos, el verdadero soñador.

El Imparcial, 18 de diciembre 1893.

Desquite

Trifón Liliosa nació raquítico y contrahecho, y tuvo la mala ventura de no morirse en la niñez. Con los años creció más que su cuerpo su fealdad, y se desarrolló su imaginación combustible, su exaltado amor propio y su nervioso temperamento de artista y de ambicioso. A los quince, Trifón, huérfano de madre desde la cuna, no había escuchado una palabra cariñosa; en cambio, había aguantado innumerables torniscones, sufrido continuas burlas y desprecios y recibido el apodo de Fenómeno; a los diecisiete se escapaba de su casa y, aprovechando lo poco que sabía de música, se contrataba en una murga, en una orquesta después. Sus rápidos adelantos le entreabrieron el paraíso: esperó llegar a ser un compositor genial, un Weber, un Listz. Adivinaba en toda su plenitud la magnificencia de la gloria, y ya se veía festejado, aplaudido, olvidaba su deformidad, disimulada y cubierta por un haz de balsámicos laureles. La edad viril —¿pueden llamarse así a los treinta años de un escuerzo?— disipó estas quimeras de la juventud. Trifón Liliosa hubo de convencerse de que era uno de los muchos llamados y no escogidos; de los que ven tan cercana la tierra de promisión, pero no llegan nunca a pisar sus floridos valles. La pérdida de ilusiones tales deja el alma muy negra, muy ulcerada, muy venenosa. Cuando Trifón se resignó a no pasar nunca de maestro de música a domicilio, tuvo un ataque de ictericia tan cruel, que la bilis le rebosaba hasta por los amarillentos ojos.

Lecciones le salían a docenas no solo porque era, en realidad, un excelente profesor, sino porque tranquilizaba a los padres su ridícula facha y su corcova. ¿Qué señorita, ni la más impresionable, iba a correr peligro con aquel macaco, cuyo talle era un jarrón; cuyas manos, desproporcionadas, parecían, al vagar sobre las teclas, arañas pálidas a medio despachurrar? Y se lo espetó en su misma cara, sin reparo alguno, al llamarle para enseñar a su hija canto y piano, la madre de la linda María Vega. Solo a un sujeto «así como él» le permitiría acercarse a niña tan candorosa y tan sentimental. ¡Mientras mayor inocencia en las criaturas, más prudencia y precaución en las madres!

Con todo, no era prudente, y menos aún delicada y caritativa la franqueza de la señora. Nadie debe ser la gota de agua que hace desbordar el vaso de amargura, y por muy convencido que esté de su miseria el miserable, recia cosa es arrojársela al rostro. Pensó, sin duda, la inconsiderada señora que Trifón, habiéndose mirado al espejo, sabría de sobra que era un monstruo; y, ciertamente, Trifón, se había mirado y conocía su triste catadura; y así y todo, le hirió, como hiere el insulto cobarde, la frase que le excluía del número de los hombres; y aquella noche misma, revolviéndose en su frío lecho, mordiendo de rabia las sábanas, decidió entre sí: «Ésta pagará por todas; ésta será mi desquite. ¡La necia de la madre, que solo ha mirado mi cuerpo, no sabe que con el espíritu se puede seducir a las mujeres que tienen espíritu también!».

Al día siguiente empezaron las lecciones de María, que era, en efecto, un niña celestial, fina y lánguida como una rosa blanca, de esas que para marchitarlas basta un soplo de aire. Acostumbrado Trifón a que sus discípulas sofocasen la carcajada cuando le veían por primera vez, notó que María, al contrario, le miraba con lástima infinita, y la piedad de la niña, en vez de conmoverle, ahincó su resolución implacable. Bien fácil le fue observar que la nueva discípula poseía un alma delicada, una exquisita sensibilidad y la música producía en ella impresión profunda, humedeciéndose sus azules ojos en las páginas melancólicas, mientras las melodías apasionadas apresuraban su aliento. La soledad y retiro en que vivía hasta que se vistiese de largo y recogiese en abultado moño su hermosa mata de pelo de un rubio de miel, la hacían más propensa a exaltarse y a soñar. Por experiencia conocía Trifón esta manera de ser y cuánto predispone a la credulidad y a las aspiraciones novelescas. Cautivamente, a modo de criminal reflexivo que prepara el atentado, observaba los hábitos de María, las horas a que bajaba al jardín, los sitios donde prefería sentarse, los tiestos que cuidaba ella sola; y prolongando la lección sin extrañeza ni recelo de los padres, eligiendo la música más perturbadora, cultivaba el ensueño enfermizo a que iba a entregarse María.

Dos o tres meses hacía que la niña estudiaba música, cuando una mañana, al pie de cierta maceta que regaba diariamente, encontró un billetito doblado. Sorprendida, abrió y leyó. Más que declaración amorosa, era suave preludio de ella, no tenía firma, y el autor anunciaba que no quería ser conocido, ni pedía respuesta alguna: se contentaba con expresar sus sentimientos, muy apacibles y de una pureza ideal. María, pensativa, rompió el billete; pero el otro día, al regar la maceta, su corazón quería salirse del pecho y temblaba su mano, salpicando de menudas gotas de agua su traje. Corrida una semana, nuevo billete —tierno, dulce, poético, devoto—; pasada otra más, dos pliegos rendidos, pero ya insinuantes y abrasadores. La niña no se apartaba del jardín, y a cada ruido del viento en las hojas pensaba ver aparecerse al desconocido, bizarro, galán, diciendo de perlas lo que de oro escribía. Mas el autor de los billetes no se mostraba, y los billetes continuaban, elocuentes, incendiarios, colocados allí por invisible mano, solicitando respuestas y esperanzas. Después de no pocas vacilaciones, y con harta vergüenza, acabó la niña por trazar unos renglones que depositó en la maceta, besándola; y eran la ingenua confesión de su amor virginal. Varió entonces el tono de las cartas: de respetuosas se hicieron arrogantes y triunfales; parecían un himno; pero el incógnito no quería presentarse; temía perder lo conquistado. «¿A qué ver la envoltura física de un alma? ¿Qué importaba el barro grosero en que se agitaba un corazón?» Y María, entregado ya completamente el albedrío a su enamorado misterioso, ansiaba contemplarle, comerle con los ojos, segura de que sería un dechado de perfecciones, el ser más bello de cuantos pisan la tierra. Ni cabía menos en quien de tan expresiva manera y con tal calor se explicaba, que María, solo con releer los billetes, se sentía morir de turbación y gozo. Por fin, después de muchas y muy regaladas ternezas que se cruzaron entre el invisible y la reclusa, María recibió una epístola que decía en sustancia: «Quiero que vengas a mí»; y después de una noche de desvelo, zozobra, llanto y remordimiento, la niña ponía en la maceta la contestación terrible: «Iré cuándo y cómo quieras.»

¡Oh! ¡Que temblor de alegría maldita asaltó a Trifón, el monstruo, el ridículo Fenómeno, al punto en que dentro de carruaje sin faroles donde la esperaba, recibió a María con los brazos! La completa oscuridad de la noche —escogida, de boca de lobo— no permitía a la pobre enamorada ni entrever siquiera las facciones del seductor... Pero balbuciente, desfallecida, con explosión de cariño sublime, entre aquellas tinieblas, María pronunció bajo, al oído del ser deforme y contrahecho, las palabras que éste no había escuchado nunca, las rotas frases divinas que arranca a la mujer de lo más secreto de su pecho la vencedora pasión..., y una gota de humedad deliciosa, refrigerante como el manantial que surte bajo las palmeras y refresca la arena del Sahara, mojó la mejilla demacrada del corcovado... El efecto de aquellas palabras, de aquella sagrada lágrima infantil, fue que Trifón, sacando la cabeza por la ventanilla, dio en voz ronca una orden, y el coche retrocedió, y pocos minutos después María, atónita, volvía a entrar en su domicilio por la misma puerta del jardín que había favorecido la fuga.

Gran sorpresa la de los padres de María cuando se enteraron de que Trifón no quería dar más lecciones en aquella casa; pero mayor la incredulidad de los contados amigos que Trifón posee cuando le oyen decir alguna vez, torvo, suspirando y agachando la cabeza:

—También a mí me ha querido, ¡y mucho!, ¡y desinteresadamente!, una mujer preciosa...

Blanco y Negro, núm. 324, 1897.

El dominó verde

Increíble me pareció que me dejase en paz aquella mujer, que ya no intentase verme, que no me escribiese carta sobre carta, que no apelase a todos los medios imaginables para acercarse a mí. Al romper la cadena de su agobiador cariño, respiré cual si me hubiese quitado de encima un odio jurado y mortal.

Quien no haya estudiado las complicaciones de nuestro espíritu, tendrá por inverosímil que tanto deseemos desatar lazos que nadie nos obligó a atar, y hasta deplorará que mientras las fieras y los animales brutos agradecen a su modo el apego que se les demuestra, el hombre, más duro e insensible, se irrite porque le halagan, y aborrezca, a veces, a la mujer que le brinda amor. Mas no es culpa nuestra si de este barro nos amasaron, si el sentimiento que no compartimos nos molesta y acaso nos repugna, si las señales de la pasión que no halla eco en nosotros nos incitan a la mofa y al desprecio, y si nos gozamos en pisotear un corazón, por lo mismo que sabemos que ha de verter sangre bajo nuestros crueles pies.

Lo cierto es que yo, cuando vi que por fin guardaba silencio María, cuando transcurrió un mes sin recibir recados ni epístolas delirantes y húmedas de lágrimas, me sentí tan bien, tan alegre, que me lancé al mundo con el ímpetu de un colegial en vacaciones, con ese deseo e instinto de renovación íntima que parece que da nuevo y grato sabor a la existencia. Acudí a los paseos, frecuenté los teatros, admití convites, concurrí a saraos y tertulias, y hasta busqué diversiones de vuelo bajo, a manera de hambriento que no distingue de comidas. En suma; me desaté, movido por un instinto miserable, de humorística venganza, que se tradujo en el deseo de regalar a cualquier mujer, a la primera que tropezase casualmente, los momentos de fugaz embriaguez que negaba a María —a María, triste y pálida; a María, medio loca por mi abandono; a María, enferma, desesperada, herida en lo más íntimo por mi implacable desdén.

Es la casualidad tan antojadiza, en esto de proporcionar aventuras, que si a veces presenta ocasiones en ramillete, otras nos brinda una por un ojo de la cara. En muchos días de disipación y bureo, de rodar por distintas esferas sociales pidiendo guerra, no encontré nada que me tentase; y ya mi capricho se exaltaba, cuando el domingo de Carnestolendas, aburrido y por matar el tiempo, entré en el insípido baile de máscaras del teatro Real.

Transcurrida más de una hora, sentí que empezaba a hastiarme, y reflexionaba sobre la conveniencia de tomar la puerta y refugiarme entre sábanas cortando las hojas de un libro nuevo de favorito autor, a tiempo que cruzó entre el remolino del abigarrado tropel una máscara envuelta en amplio dominó de rica seda verde. Era la máscara de fino porte y trazas señoriles, cosa ya de suyo extraña en aquel baile, y noté que con singular insistencia clavaba en mí los ojos como si deseas acercarse y no se atreviese, a pesar de las franquicias del antifaz. La chispa de las pupilas ardientes de la máscara determinó en mí un repentino interés, una especie de emoción de la cual me reí por dentro, pero que me impulsó a hendir la multitud y aproximarme a la encubierta. Al ir consiguiéndolo, me convencí más y más de que la del verde dominó era dama, y dama muy principal, y que solo la curiosidad, o algún empeño más hondo, debía de haberla arrastrado a un baile de tan mal género. «Grande será el interés que la trajo aquí —pensé—, y muy visible su posición en la sociedad para que se venga así, sin la compañía de una amiga, sin el brazo protector de un hombre. A toda costa quiere que se ignore el lance: que nadie la reconozca.» Y al advertir que seguía mirándome, que sus ojos me buscaban en medio del gentío, ocurrióseme que aquel interés decisivo podía ser yo.

Con tal suposición dio un vuelco mi sangre, y jugando los codos y las rodillas lo mejor que supe, pugné por alcanzar a la gentil encapuchada. La multitud, desgraciadamente, se arremolinaba compacta y densa, formando viva muralla que me era imposible romper. De lejos veía asomar la cabeza del dominó y flotar los lazos complicados de la capucha, que disimulaba la forma, sin duda hechicera, de la testa juvenil; pero insensiblemente deslizábase hasta perderse y el miedo de que se escabullese me espoleaba. Iba yo ganando terreno, más la enmascarada me llevaba gran ventaja, sin duda, y empecé a recelar que huía de mí, y que, después de derramar en mi alma el veneno de sus fogosos ojos, ahora me evitaba, se escurría, se volvía duende para evaporarse como una visión... Este temor que sentí fue ardoroso incentivo del deseo de reunirme a la máscara. Con sobrehumano esfuerzo rompí la valla que me oprimía, y aprovechando un resquicio me hallé poco distante del dominó verde. Solo que éste, a su vez, apretó el paso y desapareció por una de las puertas del salón.

Una persecución en toda regla emprendí entonces: persecución franca, ardorosa, caza más bien. Anhelante, acongojado, como si realmente la mujer que trataba de evadirse fuese algo que me importase mucho, recorrí velozmente los pasadizos, las escaleras, las galerías, el foyer, buscando dondequiera a la incitante máscara. Sin duda ella había adivinado con sagacidad mi violento antojo, pues parecía complacerse en desesperarme; y si teniéndome lejos se dejaba envolver por algún grupo de hombres o se paraba en actitud negligente, apenas comprendía que me acercaba, levantaba el vuelo con ligereza de sílfide y me desorientaba por medio de impensada maniobra. De improviso alegraba un palco el fresco tono verde del dominó; yo me precipitaba, y cuando llegaba jadeante a la puerta del palco, la desconocida no estaba ya en él, sino en otro de más arriba, para subir al cual había que invertir cinco minutos, tiempo suficiente a que la máscara se enhebrase por un pasillo, saliendo enfrente de mí a buena distancia. Desolado, loco, con la imaginación caldeada y secas las fauces por el afán, me apresuraba, bajaba, subía, ponía en tensión todas las fuerzas de mi cuerpo y de mi espíritu sin dar alcance a la misteriosa hermosura que (ya era evidente) se complacía en burlarme.

La astucia me sirvió mejor que la agilidad en este caso. Comprendiendo que tan aristocrático dominó no querría permanecer en el baile pasadas las primeras horas de la noche y evitaría el momento de las cenas y de las cabezas calientes; seguro de que solo había venido allí para marcarme, y logrado este objeto desaparecería, adiviné que toda su estrategia era batirse en retirada hacia la puerta, y cortándole la salida la atrapaba de fijo. También supuse que saldría por el punto más solitario, por la puerta menos alumbrada por la calle donde es más fácil saltar furtivamente dentro de un coche que espera y huir sin dejar rastro. Mis cálculos resultaron exactísimos. Me situé en acecho, con tal fortuna, que al cuarto de hora de espera vi asomar a la encapuchada del verde dominó, la cual, mirando a uno y otro lado, como recelosa, exploraba el terreno. Me arrojé a cerrarle el paso, y a mis primeras palabras suplicantes y rendidas contestó con el chillón falsete habitual en las máscaras, rogándome, por Dios, que la dejase, que no me opusiese a su marcha y que no insistiese en acosarla así.

La creí sincera; pero cuanto más demostraba ansia de evitarme, más crecía en mí la voluntad de detenerla, de que me escuchase de que me mirase otra vez, de que me amase sobre todo. La vehemencia de aquel súbito antojo era tal, que si no fuese porque pasaba gente, creo que me dejo caer de rodillas a los pies del dominó. Hasta me sentí elocuente e inspirado, y noté que las frases acudían a mis labios incendiarias y dominadoras, con el acento y la expresión que presta un sentimiento real, aunque solo dure minutos.

—Si querías huir de mí —dije a la máscara, estrechándola de cerca—, ¿por qué me miraste con esos ojos que me inflamaron el corazón? ¿Por qué me clavaste la saeta, dí, si habías de negarte a curar mi herida? ¿No estás viendo cómo has removido, con esa mirada sola, todo mi ser? ¿No oyes mi voz alterada por la emoción, no observas el trastorno de mis sentidos, no me ves hecho un loco? ¿No conoces que tengo fiebre? ¿No sabes que yo te presentía, que adivinaba tu aparición, que vine a este baile en la seguridad de que tu presencia lo llenaría de luz y de encanto? ¿Y crees que voy a dejarte escapar así, que lo consentiré, que no te seguiré hasta el infierno? Si no podrás irte. En tu mirada se delató el amor y sigue delatándose en tu actitud, en tu agitación, máscara mía.

Era verdad. La máscara, como fascinada, se reclinaba en la pared. Su cuerpo se estremecía, su seno se alzaba y bajaba precipitadamente, y al través de los reducidos agujeros del antifaz, vi temblar sobre el negro terciopelo de sus pupilas dos ardientes lágrimas. Con voz que apenas se oía, y en la cual también se quebraban los sollozos, murmuró lentamente, cual si desease grabar sus palabras para siempre en mi memoria.

—Es cierto: solo por acercarme a ti, por gozar de tu vista, he adoptado este disfraz, he cometido la locura de venir al baile. Y mira que extraño caso: queriéndote así, lloro... a causa de que me dices palabras de amor. Por oírlas con la cara descubierta daría mi sangre. Pero tú, que acabas de jurar que me adoras, ahora que me ves envuelta en este trapo verde, tú... huirías de mí si me presentase sin careta. Me has perseguido, me has dado caza, solo porque no veías mi rostro. Y ni soy vieja ni fea... ¡No es eso! ¡Mírame y comprenderás! ¡Mírame y después... ya no tendrás que volver a mirarme nunca!

Y alzándose el antifaz, el dominó verde me enseñó la cara de mi abandonada, de mi rechazada, de mi desdeñada María... Aprovechando mi estupor,
corrió, saltó al coche que la aguardaba, y al quererme precipitar detrás de
ella oí el estrépito de las ruedas sobre el empedrado.

Desde tan triste episodio carnavalesco sé que lo único que nos transtorna
es un trapo verde. La Esperanza, la máscara eterna, la encubierta que siempre huye, la que todo lo promete...; la que bajo su risueño disfraz oculta el
descolorido rostro del viejo Desengaño.

El Imparcial, 25 febrero 1895.

La aventura del ángel

Por falta menos grave que la de Luzbel, que no alcanzó proporciones de «caída», un ángel fue condenado a pena de destierro en el mundo. Tenía que cumplirla por espacio de un año, lo cual supone una inmensa suma de perdida felicidad; un año de beatitud es un infinito de goces y bienes que no pueden vislumbrar ni remotamente nuestros sentidos groseros y nuestra mezquina imaginación. Sin embargo, el ángel, sumiso y pesaroso de su yerro, no chistó; bajó los ojos, abrió las alas, y con vuelo pausado y seguro descendió a nuestro planeta.

Lo primero que sintió al poner en él los pies fue dolorosa impresión de soledad y aislamiento. A nadie conocía, y nadie le conocía a él tampoco bajo la forma humana que se había visto precisado a adoptar. Y se le hacía pesado e intolerable, pues los ángeles ni son hoscos ni huraños, sino sociables en grado sumo, como que rara vez andan solos, y se juntan y acompañan y amigan para cantar himnos de gloria a Dios, para agruparse al pie de su trono y hasta para recorrer las amenidades del Paraíso; además están organizados en milicias y los une la estrecha solidaridad de los hermanos de armas.

Aburrido de ver pasar caras desconocidas y gente indiferente, el ángel, la tarde del primer día de su castigo, salió de una gran ciudad, se sentó a la orilla del camino, sobre una piedra miliaria, y alzó los ojos hacia el firmamento que le ocultaba su patria, y que estaba a la sazón teñido de un verde luminoso, ligeramente franjeado de naranja a la parte del Poniente. El desterrado gimió, pensando cómo podría volver a la deleitosa morada de sus hermanos; pero sabía que una orden divina no se revoca fácilmente, y entre la melancolía del crepúsculo apoyó en las manos la cabeza, y lloró hermosas lágrimas de contrición, pues aparte del dolor del castigo, pesábale de haber ofendido a Dios por ser quien es, y por lo mucho que le amaba. Ya he cuidado de advertir que, a pesar de su desliz, este ángel era un ángel bastante bueno.

Apenas se calmó su aflicción, ocurrióle mirar hacia el suelo, y vio que donde habían caído gotas de su llanto, nacían y crecían y abrían sus cálices con increíble celeridad muchas flores blancas, de las que llaman margaritas, pero que tenían los pétalos de finas perlas y el corazoncito de oro. El ángel se inclinó, recogió una por una las maravillosas flores y las guardó cuidadosamente en un pliegue de su manto. Al bajarse para la recolección distinguió en el suelo un objeto blanco —Un pedazo de papel, un trozo de periódico—. Lo tomó también y empezó a leerlo, porque el ángel de mi cuento no era ningún ignorante a quien le estorbase lo negro sobre lo blanco; y con gozo profundo vio que ocupaban una columna del periódico ciertos desiguales renglones, bajo este epígrafe: A un ángel.

¡A un ángel! ¡Qué coincidencia! Leyó afanosamente, y, por el contexto de la poesía, dedujo que el ángel vivía en la Tierra y habitaba una casa en la ciudad, cuyas señas daba minuciosamente el poeta, describiendo la reja de la ventana tapizada de jazmín, la tapia del jardín de donde se desbordaban las enredaderas y los rosales, y hasta el recodo de la calle, con la torre de la iglesia a la vuelta. «Alguno de mis hermanos —pensó el desterrado— ha cometido, sin duda, otro delito igual al mío y le han aplicado la misma pena que a mí. ¡Qué consuelo tan grande recibirá su alma cuando me vea!¡Qué felicidad la suya, y también la mía, al encontrar un compañero! Y no puedo dudar que lo es. La poesía lo dice bien claro; que ha bajado del cielo, que está aquí en el mundo, por casualidad, y teme el poeta que se vuelva el día menos pensado a su patria... ¡Oh ventura! A buscarle inmediatamente».

Dicho y hecho. El ángel se dirigió hacia la ciudad. No sabía en qué barrio podría vivir su hermano; pero estaba seguro de acertar pronto. Hasta suponía que de la casa habitada por el ángel se exhalaría un perfume peculiar que delatase su celestial presencia. Empezó, pues, a recorrer calles y callejuelas. La Luna brillaba, y a su luz clarísima el ángel podía examinar las rejas y las tapias, y ver por cual de ellas se enramaba el jazmín y se desbordaban las rosas.

Al fin, en una calle muy solitaria, un aroma que traía la brisa hizo latir fuertemente el corazón del ángel; no olía a gloria, pero sí olía a jazmín; y el perfume era embriagador y sutil, como un pensamiento amoroso. A la vez que percibía el perfume, divisó tras los hierros de una reja una cara muy bonita, muy bonita, rodeada de una aureola de pelo oscuro... No cabía duda: aquel era el otro ángel desterrado, el que debía aliviarle la pena de la soledad. Se acercó a la reja trémulo de emoción.

No archivan las historias el traslado fiel de lo que platicaron al través de los hierros el ángel verdadero y el supuesto ángel, que escondía su faz entre el follaje menudo y las pálidas flores del fragante jazmín. Sin duda desde el primer momento, sin más explicaciones, se convino en que, efectivamente, era un ángel la criatura resguardada por la reja; habituada a oírselo llamar en verso, no extrañó que una vez más se le atribuyese en prosa naturaleza angélica. Así es como los ripios falsean el juicio, y los poetas chirles hacen más daño que la langosta.

Lo que también comprendió el ángel desterrado fue que el otro ángel era doblemente desdichado que él, pues se quejaba de no poder salir de allí, de que le guardaban y vigilaban mucho, de que le tenían sujeto entre cuatro paredes y de que su único desahogo era asomarse a aquella reja a respirar el aire nocturno y a echar un ratito de parrafeo. El desterrado prometió acudir fielmente todas las noches a dar este consuelo al recluso, y tan a gusto cumplió su promesa que desde entones lo único que le pareció largo fue el día, mientras no llegaba la grata hora del coloquio.

Cada noche se prolongaba más, y, por último, solo cuando blanqueaba el alba y se apagaban las dulces estrellas se retiraba de la reja el ángel, tan dichoso y anegado en bienestar sin límites, como si nadase todavía en la luz del empíreo y le asistiese la perfecta bienaventuranza. Sin embargo, el recluso iba mostrándose descontento y exigente. Sacando los dedos por la reja y cogiendo los de su amigo, preguntábale, con asomos de mal humor, cuándo pensaba libertarle de aquel cautiverio.

El ángel, para entretenerle, fue regalándole las margaritas de corazón de oro y pétalos de perlas; hasta que, muy estrechado ya, hubo de decir que sin duda el encierro era disposición de Dios, y que no se debían contrariar sus decretos santos. Una carcajada burlona fue la respuesta del encerrado, y a la otra noche, al acudir a la reja, el ángel vio con sorpresa que por la puertecilla del jardín salía una figura velada y tapada, que un brazo se cogía de su brazo y una voz dulce, apasionada y melodiosa le decía al oído... «Ya somos libres... Llévame contigo..., escapemos pronto, no sea que me echen de menos».

El ángel, sobrecogido, no acertó a responder: apretó el paso y huyeron, no solo de la calle, sino de la ciudad, refugiándose en el monte. La noche era deliciosa, del mes de mayo; acogiéronse al pie de un árbol frondoso; él, saboreando plácidamente, como ángel que era, la dicha de estar juntos; ella —porque ya habrán sospechado los lectores que se trataba de una mujer—, nerviosa, sardónica, soltando lagrimitas y haciendo desplantes.

No podía explicarse —ahora que ya no se interponía entre ellos la reja — cómo su compañero de escapatoria no se mostraba más vehemente, cómo no formaba planes de vida, cómo no hablaba de matrimonio y otros temas de indiscutible actualidad. Nada: allí se mantenía tan sereno, tan contento al parecer, extasiado, sonriendo, abrigándola con su manto de anchos pliegues y mirando al cielo, lo mismo que si de la Luna fuese a caerle en la boca algún bollo. La mujer, que empezó por extrañarse, acabó por indignarse y enfurecerse; alejóse algunos pasos, y como el ángel preguntase efectuosamente la causa del desvío, alzó la mano de súbito y descargó en la hermosa mejilla angélica solemne y estruendoso bofetón... después de lo cual rompió a correr en dirección de la ciudad como una loca. Y el abandonado, sin sentir el dolor ni la afrenta, murmuraba tristemente:

—¡El poeta mentía! ¡No era un ángel! ¡No era un ángel!

Al decir esto vio abrirse las nubes y bajar una legión de ángeles, pero de ángeles reales y efectivos, que le rodearon gozosos. Estaba perdonado, había vencido la mayor tentación, que es la de la mujer, y Dios le alzaba el destierro. Mezclándose al coro luminoso, ascendió el ángel al cielo entre resplandores de gloria; pero el ascender, volvía la cabeza atrás para mirar a la Tierra a hurtadillas, y un suspiro hinchaba y oprimía su corazón. Allí se le quedaba un sueño... ¡Y olía tan bien el jazmín de la reja!

El Liberal, 21 de enero 1897.

El fantasma

Cuando estudiaba carrera mayor en Madrid, todos los jueves comía en casa de mis parientes lejanos los señores de Cardona, que desde el primer día me acogieron y trataron con afecto sumo. Marido y mujer formaban marcadísimo contraste: él era robusto, sanguíneo, franco, alegre, partidario de las soluciones prácticas; ella, pálida, nerviosa, romántica, perseguidora del ideal. Él se llamaba Ramón; ella llevaba el anticuado nombre de Leonor. Para mi imaginación juvenil, representaban aquellos dos seres la prosa y la poesía.

Esmerábase Leonor en presentarme los platos que me agradaban, mis golosinas predilectas, y con sus propias manos me preparaba, en bruñida cafetera rusa, el café más fuerte y aromático que un aficionado puede apetecer. Sus dedos largos y finos me ofrecían la taza de porcelana «cáscara de huevo», y mientras yo paladeaba la deliciosa infusión, los ojos de Leonor, del mismo tono oscuro y caliente a la vez que el café, se fijaban en mí de un modo magnético. Parecía que deseaban ponerse en estrecho contacto con mi alma.

Los señores de Cardona eran ricos y estimados. Nada les faltaba de cuanto contribuye a proporcionar la suma de ventura posible en este mundo. Sin embargo, yo di en cavilar que aquel matrimonio entre personas de tan distinta complexión moral y física no podía ser dichoso.

Aunque todos afirmaban que a don Ramón Cardona le rebosaba la bondad y a su mujer el decoro, para mí existía en su hogar un misterio. ¿Me lo revelarían las pupilas color café?

Poco a poco, jueves tras jueves, fui tomándome un interés egoísta en la solución del problema. No es fácil a los veinte años permanecer insensible ante ojos tan expresivos, y ya mi tranquilidad empezaba a turbarse y a flaquear mi voluntad. Después de la comida, el señor de Cardona salía; iba al Casino o a alguna tertulia, pues era sociable, y nos quedábamos Leonor y yo de sobremesa, tocando el piano, comentando lecturas, jugando al ajedrez o conversando. A veces las vecinas del segundo bajaban a pasar un ratito; otras estábamos solos hasta las once, hora en que acostumbraba a retirarme, antes de que cerrasen la puerta. Y, con fatuidad de muchacho, pensaba que era bien singular que no tuviese don Ramón Cardona celos de mí.

Una de las noches en que no bajaron las vecinas —noche de mayo, tibia y estrellada—, estando el balcón abierto, y entrando el perfume de las acacias a embriagarme el corazón, me tentó el diablo más fuerte, y resolví declararme. Ya balbucía entrecortadas las palabras, no precisamente de pasión, pero de adhesión, rendimiento y ternura, cuando Leonor me atajó diciéndome que estaba tan cierta de mi leal amistad, que deseaba confiarme algo muy grave, el terrible secreto de su vida. Suspendí mis confesiones para oír las de la dama, y me fue poco grato escuchar de sus labios, trémulos de vergüenza, la narración de un episodio amoroso.

—Mi único remordimiento, mi único yerro —murmuró acongojada doña Leonor— se llama el marqués de Cazalla. Es, como todos saben, un perdido y un espadachín. Tiene en su poder mis cartas, escritas en momentos de delirio. Por recogerlas, no sé qué daría.

Y vi, a la luz de los brilladores astros, que se deslizaba de las pupilas oscuras una lágrima lenta...

Al separarme de Leonor, llevaba formado propósito de ver al marqués de Cazalla al día siguiente. Mi petulancia juvenil me dictaba tal resolución. El marqués, a quien hice pasar mi tarjeta, me recibió al punto en artístico fumoir y a las primeras palabras relativas al asunto que motivaba mi visita, se encogió de hombros y pronunció afablemente:

—No me sorprende el paso que usted da; pero le ruego que me crea, y le empeño palabra de honor de que es la pura verdad cuanto voy a decirle. Considero el caso de la señora de Cardona el más raro que en mi vida me ha sucedido. No solo no poseo ni he poseído jamás los documentos a que esa señora se refiere, sino que no he tenido nunca el gusto..., porque gusto sería, de tratarla... ¡Repito que lo afirmo bajo palabra de honor!

Era tan inverosímil la respuesta, que no obstante el tono de sinceridad absoluta del marqués, yo puse cara escéptica, quizá hasta insolente.

—Veo que no me cree usted —añadió el marqués entonces—. No me doy por ofendido. Lo descontaba. Podrá usted dudar de mi palabra; pero ni usted ni nadie tiene derecho a suponer que soy hombre que rehuye, por medio de subterfugios, un lance personal. Si lo que busca usted es pendencia, me tiene a su disposición. Solo le suplico que antes de resolver esta cuestión de un modo o de otro consulte... al señor Cardona. He dicho «al señor». No me mire usted con esos ojos espantados... Oígame hasta que termine. Doña Leonor Cardona, que según opinión general es una señora honradísima, ha debido de padecer una pesadilla y soñar que teníamos relaciones, que nos veíamos, que me había escrito, etcétera. Bajo el influjo de ilusorios remordimientos le ha contado a su marido «todo».... es decir, «nada»...; pero «todo» para ella; y el marido ha venido aquí como usted, solo que más enojado, naturalmente, a pedirme cuentas, a querer beber mi sangre. Si yo no la tuviese bastante fría, a estas horas pesa sobre mi conciencia el asesinato de Cardona... o él me habría matado a mí (no digo que no pudiese suceder). Por fortuna no me aturdí, y preguntando a Cardona las épocas en que su esposa afirmaba que habían tenido lugar nuestras entrevistas criminales, pude demostrarle de un modo fehaciente que a la sazón me encontraba yo en París, en Sevilla o en Londres. Con igual facilidad, probé la inexactitud de otros datos aducidos por doña Leonor. Así es que el señor Cardona, muy confuso y asombrado, tuvo que retirarse pidiéndome excusas. Si usted me pregunta cómo me explico suceso tan extraordinario, le diré que creo que esta señora, a quien después he procurado conocer (ipor la memoria de mi madre le juro a usted que antes, ni de vista!...), sufre alguna enfermedad moral.... y ha tenido una visión...; vamos, que se le ha aparecido un espectro de amor..., y ese espectro, ivaya usted a saber por qué!, ha tomado mi forma. Y no hay más... No se admire usted tanto. Dentro de diez años, si trata usted algunas mujeres, se habituará a no admirarse de casi nada.

Salí de casa del marqués en un estado de ánimo indefinible. No había medio de desmentirle, y al mismo tiempo la incredulidad persistía. Impresionado, no obstante, por las firmes y categóricas declaraciones del dandi, me dediqué desde aquel punto, no a cortejar a Leonor, sino a observar a Cardona. Procuré hablarle mucho, hacerle espontanearse, y fui sacando, hilo a hilo, conversaciones referentes a la fidelidad conyugal, a los lances que puede originar un error, a las alucinaciones que a veces sufrimos, a los estragos que causa la fantasía... Por fin, un día, como al descuido, dejé deslizar en el diálogo el nombre del marqués de Cazalla y una alusión a sus conquistas... Y entonces Cardona, mirándome cara a cara, con gesto entre burlón y grave, preguntó:

—¿Qué? ¿Ya te han enviado allá a ti también? ¡Pobrecilla Leonor, está visto que no tiene cura!

No necesité más para confesar de plano mis gestiones, y Cardona, sonriendo, aunque algo alterada su sonora voz, me dijo:

—Has de saber que cuando fui a casa del marqués de Cazalla, ya llevaba yo ciertos barruntos y sospechas de la alucinación de Leonor, de la cual me convencí plenamente después. Si bien no parezco celoso, y hasta se diría que me pierdo por confiado, he vigilado a Leonor siempre, porque la quiero mucho, y en ninguna época hubiese podido ella cometer, sin que yo me enterase, los delitos de que se acusaba. Comprendí que se trataba de una fantasmagoría, de un sueño, y me resigné a la hipótesis de una falta imaginaria... ¡Quién sabe si ese fantasma de pasión y arrepentimiento le sirve de escudo contra la realidad! Lo que te aseguro es que Leonor, viviendo yo, nunca saldrá de la región de los fantasmas... ¡Y no volvamos a hablar de esto en la vida!

Aproveché el aviso, y de allí en adelante evité quedarme a solas con Leonor, y hasta fijar la mirada en sus oscuros ojos, nublados por la quimera.

Blanco y Negro, núm. 30, 1897.

La perla rosa

Solo el hombre que de día se encierra y vela muchas horas de la noche para ganar con qué satisfacer los caprichos de una mujer querida —díjome en quebrantada voz mi infeliz amigo—, comprenderá el placer de juntar a escondidas una regular suma, y así que la redondea, salir a invertirla en el más quimérico, en el más extravagante e inútil de los antojos de esa mujer. Lo que ella contempló a distancia como irrealizable sueño, lo que apenas hirió su imaginación con la punzada de un deseo loco, es lo que mi iniciativa, mi laboriosidad y mi cariño van a darle dentro de un instante... Y ya creo ver la admiración en sus ojos y ya me parece que siento sus brazos ceñidos a mi cuello para estrecharme con delirio de gratitud.

Mi único temor, al echarme a la calle con la cartera bien lastrada y el alma inundada de júbilo, era que el joyero hubiese despachado ya las dos encantadoras perlas color de rosa que tanto entusiasmaron a Lucila la tarde que se detuvo, colgada de mi brazo, a golosinear con los ojos el escaparate. Es tan difícil reunir dos perlas de ese raro y peregrino matiz, de ese hermoso oriente, de esa perfecta forma globulosa, de esa igualdad absoluta, que juzgué imposible que alguna señora antojadiza como mi mujer, y más rica, no la encerrase ya en su guardajoyas. Y me dolería tanto que así hubiese sucedido, que hasta me latió el corazón cuando vi sobre el limpio cristal, entre un collar magnífico y una cascada de brazaletes de oro, el fino estuche de terciopelo blanco donde lucían misteriosamente las dos perlas rosa orladas de brillantes.

Aunque iba preparado a que me hiciesen pagar el capricho, me desconcertó el alto precio en que el joyero tasaba las perlas. Todas mis economías, y un pico, iban a invertirse en aquel par de botoncitos, no más gruesos que un garbanzo chiquitín. Me asaltó la duda —¡soy tan poco experto en compras de lujo!— de si el joyero pretendería explotar mi ignorancia pidiéndome, solo por pedir, un disparate, creyendo tal vez que mi pelaje no era el de un hombre capaz de adquirir dos perlas rosa. A tiempo que pensaba así, observé, al través del alto y diáfano vidrio de la tienda, que pasaba por la acera mi antiguo condiscípulo y mejor amigo Gonzaga Llorente. Ver su apuesta figura y salir a llamarle fue todo uno. ¿Quién mejor para ilustrarme y aconsejarme que el elegante Gonzaga, tan al corriente de la moda, tan lanzado al mundo, tan bien relacionado, que cada visita que hacía a nuestra modesta y burguesa casa —y hacía bastantes desde algún tiempo acá— yo la estimaba como especialísima prueba de afecto?

Manifestando cordial sorpresa, Gonzaga se volvió y entró conmigo en la joyería, enterándose del asunto. Inmediatamente se declaró admirador de las perlas rosa, y añadió que sabía que andaban bebiendo los vientos por adquirirlas ciertas empingorotadas señoras, entre las cuales citó a dos o tres de altisonantes títulos. En un discreto aparte me aseguró que el precio que exigía el joyero no tenía nada de excesivo, en atención a la singularidad de las perlas. Y, como yo recelase aún, molestado por el piquillo que en aquel momento no me era posible abonar, Gonzaga, con su simpática franqueza, abrió la cartera y me entregó varios billetes bromeando y jurando que si yo no admitiese tan pequeño servicio, en todos los días de su vida volvería a mirarme a la cara. ¡Qué miserables somos! No debí aceptar el préstamo; no debí llevar a mi casa sino lo que pudiese pagar al contado... Pero la pasión me dominaba y hubiese besado de rodillas la mano que me ofrecía medio de satisfacerla. Convinimos en que Gonzaga almorzaría con nosotros al día siguiente, en celebración del estreno de las perlas rosa, y con el estuche en el bolsillo me dirigí a mi casa disparado; quisiera tener alas.

Lucila trasteaba cuando yo entré, y al verme plantado delante de ella, diciéndole con cara de beatitud: «Regístrame», comprendió y murmuró: «Regalo tenemos». Viva y traviesa (¡su manera de ser!) revolvió mis bolsillos haciéndome cosquillas deliciosas, hasta acertar con el estuche. El grito que exhaló al ver las perlas fue de esos que no se olvidan jamás. En la efusión de su agradecimiento, me sobó la cara y hasta me besó... ¡Puede que en aquel instante me quisiese un poco! No acertaba a creer que joya tan codiciada y espléndida le perteneciese; no podía convencerse de que iba a ostentarla. Y yo mismo, desabrochando los sencillos aretes de oro que Lucila llevaba puestos, enganché las perlas rosa en las orejitas pequeñas, encendidas de placer. Me hace mucho daño acordarme de estas tonterías, pero me acuerdo siempre.

Al otro día, que era domingo, almorzó en casa Gonzaga, y estuvimos todos bulliciosos y decidores. Lucila se había puesto el vestido de seda gris, que le sentaba muy bien, y una rosa en el pecho —una rosa del mismo color de las perlas—. Gonzaga nos convidó al teatro y nos llevó a Apolo, a una función alegre, en que sin tregua nos reímos. A la mañana siguiente volví con afán a mis quehaceres, pues deseaba saldar cuanto antes el pico, resto de las perlas. Regresé a mi casa a la hora de costumbre, y al sentarme a la mesa, mi primera mirada fue para las orejas de Lucila. Di un salto y lancé una interjección al ver que faltaba del diminuto cerco de brillantes una de las perlas rosa.

—¡Has perdido una perla! —exclamé.

—¿Cómo una perla? —tartamudeó mi mujer echando mano a sus orejas y palpando los aretes. Al ver que era cierto, quedóse tan aterrada que me alarmé, no ya por la perla, sino por el susto de Lucila.

—Calma —le dije—. Busquemos, que aparecerá.

Excuso decir que empezamos a mirar y a registrar por todas partes, recorriendo la alfombra, sacudiendo las cortinas, alzando los muebles, escudriñando hasta cajones que Lucila afirmaba no haber abierto desde un mes antes. A cada pesquisa inútil, los ojos de Lucila se arrasaban de lágrimas. Mientras resolvíamos, se me ocurrió preguntarle:

—¿Has salido esta tarde?

—Sí..., creo que sí... —respondió titubeando.

—¿A dónde?

—A varios sitios... Es decir... Fui.... por ahí.... a compras...

—Pero... ¿a qué tiendas?

—¡Qué sé yo! A la calle de Postas..., a la plazuela del Ángel..., a la Carrera...

—¿A pie o en coche?

—A pie... Luego tomé un cochecillo.

—¿No recuerdas el punto.... el número?

—¿Cómo quieres que lo recuerde? ¡Válgame Dios! Si era un coche que pasaba —objetó nerviosamente Lucila, que rompió a sollozar con amargura.

—Pero las tiendas sí las recordarás... Dímelas, que iré una por una, a ver si en el suelo o en el mostrador... Pondremos anuncios...

—¡Si no me acuerdo! ¡Por Dios, déjame en paz! —exclamó tan afligida que no me atreví a insistir, y preferí aguardar a que se calmase.

Pasamos una noche de inquietud y desvelo. Oí a Lucila suspirar y dar vueltas en la cama como si no consiguiese dormir. Yo, entre tanto, discurría modos de recuperar la perla rosa. Levantéme temprano, me vestí, y a las ocho llamaba a la puerta de Gonzaga Llorente. Había oído decir que la Policía, en casos especiales, averigua fácilmente el paradero de los objetos perdidos o robados, y esperaba que Gonzaga, con su influencia y sus altas relaciones, me ayudaría a emplear este supremo recurso.

—El señorito está durmiendo; pero pase usted al gabinete, que dentro de diez minutos le entraré el chocolate y preguntaré si puede usted verle —dijo el criado, al notar mi insistencia y mi premura.

Me avine a esperar. El criado abrió las maderas del gabinete, en cuyo ambiente flotaban esencias y olor de cigarro. ¡Cuando pienso en lo distinta que sería mi suerte si aquel criado me hace pasar inmediatamente a la alcoba...!

Lo cierto es... que al primer alegre rayo de Sol que cruzó las vidrieras, y antes de que el criado me dijese «tome usted asiento», ya había visto brillar sobre el ribete de paño azul de la piel de oso blanco, tendida al pie del muelle diván turco, ¡la perla, la perla rosa!

Si esto que me sucedió le sucede a usted, y usted me pregunta qué debe hacerse en tales circunstancias, yo respondo de seguro con gran energía: «Coger una espada de la panoplia que supera el diván y atravesársela por el pecho al que duerme ahí al lado, para que nunca más despierte». ¿Sabe usted lo que hice? me bajé, recogí la perla, la guardé en el bolsillo, salí de aquella casa, subí a la mía, encontré a mi mujer levantada y muy desencajada; la miré y no la ahogué. Con voz tranquila le ordené que se pusiese los pendientes. Saqué la perla del bolsillo.... y cogiéndola entre los dedos, le dije:

—Aquí está lo que perdiste. ¿Qué tal, lo encontré pronto?

Es cierto que al acabar me dio no sé qué arrechucho o qué vértigo de locura. Eché mano a aquellas orejas diminutas, arranqué de ellas los pendientes, y todo lo pisoteé. Por fortuna, pude dominarme en el acto.... y bajar la escalera y refugiarme en el café más próximo, donde pedí coñac...

¿Qué si he vuelto a ver a Lucila?... Una vez.... iba del brazo de «otro», que ya no era Gonzaga. Por cierto que me fijé en que el lóbulo de la oreja izquierda lo tiene partido. Sin duda se lo rasgué yo involuntariamente.

El Imparcial, 25 de marzo.

Un parecido

No hay discusión más baldía que la de la hermosura. Mil veces la entablamos en aquella especie de senadillo de gentes al par desengañadas y curiosas, donde se agitaban tantos problemas a un tiempo atractivos e insolubles; y siempre —aunque no escaseaban las disertaciones— quedábamos en mayor confusión. Uno sostenía que la belleza era la corrección de líneas; otro, que la armonía del color; éste, que la fusión de ambos elementos; aquél, que la juventud; el de más allá, que la salud y robustez, o el donaire, chiste y garabato, o el arte del tocador, o la melodía de la voz, y hasta hubo alguno que identificó la belleza con la bondad y con la inteligencia... Y el original de Donato Abréu, que solía escuchar callando, al fin se descolgó con la sentencia siguiente:

—La belleza no es nada.

Acostumbrados a sus salidas, callamos para ver cómo se desenredaba, y fue así:

—No es nada, nada absolutamente. Si nos ataca a los presentes una oftalmía, se acabaron líneas, colores, aire de salud, juventud, adorno... Todo eso estaba en nuestra retina..., y en ninguna parte más.

—¡Vaya una gracia! —exclamamos—. Si empieza usted por dejarnos ciegos...

—Es que lo están ustedes ya cuando tienen por realidad lo que no existe fuera de nosotros. ¡Déjenme continuar! Yo aduciré ejemplos. Ante todo, ¿supongo que se trata de la belleza femenil?

—¡Ah pícaro! —protestó el escultor—. ¡Se refugia usted ahí..., porque es donde menor refutación tienen sus herejías! A los escultores no vale cegarnos. Acuérdese usted de aquel que, privado de la vista, admiraba con las yemas de los dedos el torso de una estatua griega...

—¡Bah! Tampoco ustedes reconocen ley fija, tipo inalterable... La Venus dormida en su concha, que presentó usted hace dos años y se llevó la medalla, no se asemeja a la Venus clásica, y no por eso deja de ser hermosa..., es decir, de parecerlo... Pero no nos salgamos del terreno general, porque el arte es patrimonio de pocos. ¿Hablábamos de mujeres, sí o no?

—¿De mujeres? ¡Siempre! —afirmó el vizconde de Tresmes, el cual, según malas lenguas, tenía un pasado asaz borrascoso—. ¿Qué otra cosa merece la pena de discutirse en este mundo?

—Entonces, pleito ganado —insistió Donato recalcándose en la butaca—. ¿Sostienen ustedes que la hermosura de determinada mujer es la causa de los sentimientos especiales que esa mujer nos inspira?

—¿Pues qué había de ser? —repuso Tresmes—. ¿Su fealdad? O es hermosa, o hermosa la creemos, y de esa belleza nos enamoramos..., más o menos... ¡Que en eso cabe una escala infinita de grados y matices!

—Oigan —suplicó Donato— no mis razones, sino la historia muy verdadera de un amigo mío que se ha muerto en el extranjero, porque no lográndose aliviarse de un delito amoroso, se dedicó a viajar, y en Roma una fiebre palúdica, lo que allí conocen por malaria, le curó la enfermedad de vivir.

Mi amigo era el hijo de segundas nupcias de un señor bastante rico. Los otros, fruto del primer tálamo, le adoraban y le ampararon como padre cuando todos quedaron huérfanos. Casóse el mayor de sus hermanos con una señorita llamada Jacinta, y mi amigo Marcelo le diremos, por no divulgar su verdadero nombre, fue a vivir a Madrid con el nuevo matrimonio, para terminar la carrera de arquitecto. Era «muy bella» la cuñadita Jacinta —ya ven ustedes que me sirvo de lenguaje usual—, y Marcelo, un día tras otro, confianza va y halago viene, se prendó de Jacinta con la pasión más tirana. Cuando comprendió su estado, cuando interpretó su afán, se horrorizó de una inclinación tan culpable y se propuso esconderla, como se esconde la mancha y la vergüenza, y no dejar asomar por ningún resquicio ni reflejos de la hoguera que le consumía la médula de los huesos. Y hubiese cumplido su propósito, a no suceder cosa más terrible aún: que la señora, objeto de tan reprobable afición, o porque la adivinó o porque se contagió con ella sin adivinarla, al cabo dio en padecer del mismo achaque, y menos cauta, lo descubrió con indicios tan claros, que Marcelo, sintiéndose débil y vencido antes de pelear, apeló a poner tierra en medio... Dijo a su hermano que se encontraba enfermo, y esto no era sino relativa mentira, y que necesitaba respirar, por receta del médico, aires puros, aires de campo; y el hermano, solícito y compadecido, le envió a un cortijo que había heredado de su suegro, y que por encontrarse en lo más florido y frondoso de la serranía de Córdoba y ser entonces el mes de abril, debía de estar convertido en vergel delicioso.

—Habrá comodidad suficiente para ti —advirtió—, porque el padre de mi Jacinta tenía cariño a ese sitio y lo visitaba de vez en cuando, aunque Jacinta nunca ha puesto allí los pies, ni yo tampoco. He oído susurrar no sé qué de la mujer del capataz...; pero ¡si se creyese cuanto se oye! En fin, lo esencial es que no te faltarán ropas ni muebles... Y si algo te falta, pídelo enseguida.

Marchó Marcelo asaz desesperado a su Tebaida, y el capataz le recibió con agasajo, encargando a su hija, mocita como de veinte años de edad, que sirviese y atendiese al forastero. ¡Imagínense la conmoción que sufriría éste cuando, al fijar los ojos en el rostro de la hija del capataz, vio en él una copia perfectísima, un acabado trasunto del de Jacinta! Era semejanza, no solo de facciones, sino de expresión, modales y gesto, y, lo que más turbó a Marcelo, hasta de metal de voz, con un ceceo andaluz que hacía encantador el de Manuelita la cortijera! Reconoció el enamorado los negros ojos que llevaba clavados en el corazón, el talle cuyas ondulaciones le causaban vértigo, el color quebrado de la suave tez que le enloquecía, y acordándose de las indicaciones de su hermano acerca de la mujer del capataz, no se asombró de encontrar una nueva Jacinta en la sierra. Al pasar días fue notando que la serrana poseía mil cualidades preciosas: limpia, fina a su modo, viva y lista como nadie; ya alegre, ya melancólica; oportuna en replicar, aguda en comprender, sensible a ratos y arisca a tiempo, sabía, además, rasguear la guitarra y entonar el polo con un salero que quitaba el sentido. Marcelo, embelesado, pensó que la misma Providencia le deparaba tan sabroso remedio a sus enfermedades morales, y se dedicó a la serrana, galanteándola y persiguiéndola sin tregua, a favor de aquella libertad que da el campo y de las rodadas ocasiones que brinda el vivir bajo un techo mismo. Manuelita se defendió; pero al cabo fue ablandándose, y consintió en acudir a una reja baja, donde sin peligro para su recato podía conversar largamente con Marcelo. Mas lo que suele costar trabajo en estas lides es el primer triunfo, que los restantes vienen fatalmente a su hora, y Manuelita, aunque se hizo muy de rogar, acabó por conceder a Marcelo que una noche, en vez de hablarse por la reja, se hablasen dentro del aposento que la reja defendía...

El narrador se detuvo un instante, como preparando el efecto de lo que le faltaba por contar.

—Marcelo entró en aquel cuarto temblando de gozo, paladeando con la imaginación el bien que esperaba. No se había atrevido Manuelita a encender luz; pero la de la Luna entraba a oleadas por la reja, en la cual se apoyaba la muchacha ruborizada y acaso medio arrepentida ya, y alumbraba de lleno su rostro, haciéndole parecer más descolorido, del tono de los jazmines que lucía apiñados en el negro rodete. Marcelo se adelantó como el que camina en sueños, y al aproximarse a Manuelita, al rodear con los brazos el talle curvo que se doblegaba, al respirar con los labios el perfume de las blancas flores tan próximas a la mejilla fresca y a la garganta tornátil, su boca exhaló entre hondo suspiro, un nombre... ¡el nombre de «Jacinta»! Y al oírse, al repetir involuntariamente tal nombre, espantado, como si viese a una sierpe, se desprendió, retrocedió, se tambaleó y, al fin, huyó, subiendo la escalera a tientas y encerrándose en su dormitorio.... donde pasó la noche entre remordimientos y lágrimas para salir a la madrugada camino de Córdoba, y desde Córdoba a París... ¿Comprenden ustedes el motivo de la conducta de Marcelo?

—Que para él solo existía Jacinta. Manuelita no había existido nunca, sino por la pasajera realidad que le comunicó su parecido con «la otra» —respondimos algo impresionados, reflexionando a pesar nuestro.

—Exactamente... Veo que son ustedes perspicaces... Al pensar Marcelo que se libertaba de su criminal pasión, lo que hacía era recaer en ella de plano, satisfacerla, entregarse... ¿Y la belleza? Tan guapa era Manuela la cortijerita como Jacinta la dama. ¡Acaso más!

—Marcelo se me figura demasiado idealista —indicó Tresmes en tono desdeñoso.

—Todos lo somos... —declaró Donato—. Y la belleza, una idea, unas gotas de ilusión, para «uso interno»...

El Liberal, 7 noviembre 1897.

Memento

El recuerdo más vivaz de mis tiempos estudiantiles —dijo el doctor sonriendo a la evocación— no es el de varios amorcillos y lances parecidos a los que puede contar todo el mundo, ni el de ciertas mejillas bonitas cuyas rosas embalsamaron mis sueños. Lo que no olvido, lo que a cada paso veo con mayor relieve, es... la tertulia de mi tía Gabriela, doncella machucha, a quien acompañaban todas las tardes otras tres viejas apolilladas, igualmente aspirantes a la palma sobre el ataúd.

Reuníanse las cuatro, según he dicho, por la tarde, pues de noche las cohibían miedos, achaques y devociones, en el gabinetito, desde cuyas ventanas se divisaban los ricos ajimeces góticos y los altos muros de la catedral; y yo solía abandonar el paseo, a tal hora lleno de muchachas deseosas de escuchar piropos, para encerrarme entre aquellas cuatro paredes vestidas de un papel rameado que fue verde y ya era blancuzco, sentarme en la butaca de fatigados muelles, anchota y blandufa, al cabo también anciana, y recibir de una mano diminuta, seca, cubierta por la rejilla de un mitón negro, palmadita suave en el hombro, mientras una cascada voz murmuraba:

—Hola, ¿ya viniste, calamidad? Hoy se muere de gozo Candidita.

De las solteronas, Candidita era la más joven, pues no había cumplido los sesenta y tres. Según las crónicas de los remotos días en que Candidita lozaneaba, jamás descolló por su belleza.

Siempre tuvo el ojo izquierdo algo caído y las espaldas encorvadas en demasía. Lo que en ella pudo agradar fue su seráfica condición. Poseía Candidita en relación con su nombre de pila, alta dosis de credulidad y buena fe. Cuanta paparrucha inverosímil se me antojase inventar, la tragaba Candidita sin esfuerzo; en cambio, no había quién la convenciese de la realidad de picardía ninguna. Su alma rechazaba la maledicencia como se rechaza un elemento extraño, de imposible asimilación. Yo me divertía infinito disputando con Candidita cuando se negaba a dar crédito a maldades notorias.... y al hacerlo sentía germinar en mi corazón una especie de ternura, un misterioso respeto por la inocente, que sin quitarse su traje de merino negro y sus zapatos de oreja, subiría al cielo al momento menos pensado.

Mi tía Gabriela, en cambio, era sagaz, lista como una pimienta. Su vida retirada, en una soñolienta ciudad de provincia le impedía conocer a fondo el mundo, y acaso exageraba las trastadas y gatuperios que en él se cometen, pero acercándose a la realidad y juzgando mil veces con maligno acierto. Preciada de su linaje, con pergaminos y sin talegas, la tía Gabriela era una señora a la vez modesta e imponente, chapada a la antigua, de alma más enhiesta que un lanzón; las otras tres solteronas parecían sus damas de honor antes que sus amigas.

Doña Aparición era la curiosidad de aquel museo arqueológico. Hermosa y mundana en sus verdores, conservaba, a los setenta y seis, golpes de coquetería y manías de adorno que hacían fruncir los labios a mí tía Gabriela, tan majestuosa con su liso hábito del Carmen. El peluquín de doña Aparición, con bucles y sortijillas de un rubio angelical; su calzado estrecho; sus guantes claros de ocho botones; sus trajes de seda a rayas verde y rosa; sus abanicos de gasa azul y el grupo de flores artificiales que prendía graciosamente su mantilla, nos daban harto que reír.

Como estaba semiciega y casi sorda, y la vestía su fámula, a lo mejor traía la peluca del revés, o en la nariz el toque de carmín de las mejillas o los guantes uno lila y otro pajizo; y como padecía de gota, el cepo de las botitas prietas llegaba a mortificarla tanto, que mi tía le prestaba unas holgadas pantuflas. En caso tal exclamaba infaliblemente doña Aparición: ¡«Jesús! Nunca me pasó cosa igual. Un pliegue de la media me desolló el talón... Es un fastidio tener tan fino el cutis.»

No sería doña Peregrina, la cuarta solterona, la que se impusiese torturas para presumir de pie. Al contrario: se declaraba sans façon. Reducida a mezquina orfandad, compraba en los ropavejeros sus manteletas color de ala de mosca. Por lo demás, era mujer de empuje y brío, alta, gruesa, de una frescura rancia —si es lícito expresarse así—, viva de ojos y arrebatada de color, amiga de la broma, pero gazmoña a ratos, siempre dentro de la nota del buen humor y la marcialidad.

¡Cómo me festejaban esas cuatro señoras! Hay sitios adonde vamos atraídos, no por nuestro gusto, sino por el que damos a los demás. Diez años haría tal vez que las solteronas no veían de cerca un semblante juvenil. Mi presencia y mi asiduidad eran un rasgo de galantería de incalculable precio, que halagaba la nunca extinguida vanidad sentimental de la mujer. El mozo que quiera ganar buen nombre, sea amable con las viejecitas, con las desechadas, con las retiradas del juego. Las muchachas nada agradecen. Aquellas cuatro inválidas, con su manso charloteo, me crearon una reputación fabulosa de discreto, de galán, de simpático, de estudioso. A su manera, me allanaban el camino de una lúcida posición y de una boda brillante. En los exámenes yo podía contestar mal o bien, que segura tenía la nota: tal labor subterránea hacían mis solteronas con los catedráticos. En mi salud no cesaban de pensar «Vienes descolorido, Gabriel... ¿Qué tienes? ¡Ojo con las bribonas!» Y me enviaban remedios caseros, y piperetes y vinos cordiales, y reliquias milagrosas, y hasta sábanas, por si las de la posada no eran «de confianza» y «bien lavaditas».

A fin de animar la tertulia, se me ocurrió leer en alto versos y novelas románticas. Auditorio semejante no lo ha soñado ningún lector. Diríase que, para escuchar, hasta la respiración suspendían. Según avanzaba la lectura, crecía el interés. Una indignación, cómica a fuerza de ser ingenua, contra los traidores; un terror vivísimo cuando los buenos iban a caer en las emboscadas de los malos; un gozo pueril cuando la virtud salía triunfante... Las exclamaciones me interrumpían. «Ese pillo ¿se equivoca y toma el veneno? ¡Castigo de Dios!» «¡Ay, que si Gontrán entra en el bosque, encuentra al otro con el puñal! ¡Que no entre, que no entre!» «¡Jesús; al fin le da la puñalada!» «¡Infame!» «¿Ve usted cómo el niño que robó el titiritero era hijo de una princesa?» etcétera. En los episodios vehementes, cuando los amantes se dicen ternezas al claror de la Luna, las solteronas se deshacían. Un leve sonrosado animaba las mejillas amarillentas; se humedecían los áridos ojos; los encogidos pechos anhelaban; aparecíase el bello fantasma de la lejana juventud, y un aura dulce y tibia agitaba un momento aquellos espíritus resignados, como el aire primaveral agita el polvo de una tierra seca y estéril.

Llegó el plazo en que yo tenía que emprender mi viaje a la corte, para cursar el doctorado. Di la noticia a mis solteronas, y aunque no podía sorprenderlas, no fue menor el efecto que produjo. Mi tía Gabriela, sin perder el compás de la dignidad, se puso temblona y me advirtió, en frases que revelaban verdadera ternura, que era preciso excusar a los viejos si se afectaban en las despedidas, porque no estaban seguros de volver a ver a los que partían. Doña Peregrina manoteó, protestó, bufó, me insultó y, al fin se echó a llorar como una fuente. Doña Aparición suspiró, alzó la vista al cielo y dijo, haciendo monerías: «Un joven de estas prendas..., naturalmente, iva a lucir en la corte! Mañana recibirá usted un alfiler de esmeraldas..., qué fue de mi papá.» Por su parte, Candidita, guardó silencio, y a poco se levantó asegurando que tenía que hacer una visita urgente. Aproveché el pretexto para abreviar la escena; salí con ella, la ayudé a ponerse el mantón y le ofrecí el brazo por la escalera de peldaños carcomidos.

De repente, en el primer descanso, escuché un ahogado sollozo; unos brazos endebles me rodearon el cuello y una cara fría como la nieve se pegó a mis barbas. Comprendí de súbito.... y, créanlo ustedes, ¡me quedé más volado y más compadecido que si viese a mi propia madre de rodillas ante mí! Noté que Candidita pesaba como pesan los cuerpos inertes; la supuse desmayada y la arrimé al balaustre, tartamudeando lleno de piedad: «Adiós, adiós; ya sabe que se la quiere.» Mas como no me soltaba, me encontré ridículo y la rechacé... Al hacerlo, me pareció que estaba degollando a una ovejuela enferma, y la lástima me obligó a volver atrás y corresponder al abrazo de Candidita con una caricia rápida y violenta, amorosa en el aspecto, filial y santa en la intención. Después eché a correr, y salí a la calle resuelto a no volver por la tertulia... ¡Ah, eso sí! La caridad tiene sus límites...

Y ahora, que también soy viejo yo, suelo acordarme de Candidita... ¡Pobre mujer!

El Imparcial, 20 abril 1896.

La caja de oro

Siempre la había visto sobre su mesa, al alcance de su mano bonita, que a veces se entretenía en acariciar la tapa suavemente; pero no me era posible averiguar lo que encerraba aquella caja de filigrana de oro con esmaltes finísimos, porque apenas intentaba apoderarme del juguete, su dueña lo escondía precipitada y nerviosamente en los bolsillos de la bata, o en lugares todavía más recónditos, dentro del seno, haciéndola así inaccesible.

Y cuanto más la ocultaba su dueña, mayor era mi afán por enterarme de lo que la caja contenía. ¡Misterio irritante y tentador! ¿Qué guardaba el artístico chirimbolo? ¿Bombones? ¿Polvos de arroz? ¿Esencias? Si encerraba alguna de estas cosas tan inofensivas, ¿a qué venía la ocultación? ¿Encubría un retrato, una flor seca, pelo? Imposible: tales prendas, o se llevan mucho más cerca, o se custodian mucho más lejos: o descansan sobre el corazón o se archivan en un secrétaire bien cerrado, bien seguro... No eran despojos de amorosa historia los que dormían en la cajita de oro, esmaltada de azules quimeras, fantásticas rosas y volutas de verde ojiacanto.

Califiquen como gusten mi conducta los incapaces de seguir la pista a una historia, tal vez a una novela. Llámenme enhorabuena indiscreto, antojadizo y, por contera, entremetido y fisgón impertinente. Lo cierto es que la cajita me volvía tarumba, y agotados los medios legales, puse en juego los ilícitos, y heroicos... Mostréme perdidamente enamorado de la dueña, cuando solo lo estaba de la cajita de oro; cortejé en apariencia a una mujer, cuando solo cortejaba a un secreto; hice como si persiguiese la dicha... cuando solo perseguía la satisfacción de la curiosidad. Y la suerte, que acaso me negaría la victoria si la victoria realmente me importase, me la concedió..., por lo mismo que al concedérmela me echaba encima un remordimiento.

No obstante, después de mi triunfo, la que ya me entregaba cuanto entrega la voluntad rendida, defendía aún, con invencible obstinación, el misterio de la cajita de oro. Desplegando zalameras coqueterías o repentinas y melancólicas reservas; discutiendo o bromeando, apurando los ardides de la ternura o las amenazas del desamor, suplicante o enojado, nada obtuve; la dueña de la caja persistió en negarse a que me enterase de su contenido, como si dentro del lindo objeto existiese la prueba de algún crimen.

Repugnábame emplear la fuerza y proceder como procedería un patán, y además, exaltado ya mi amor propio (a falta de otra exaltación más dulce y profunda), quise deber al cariño y solo al cariño de la hermosa la clave del enigma. Insistí, me sobrepujé a mí mismo, desplegué todos los recursos, y como el artista que cultiva por medio de las reglas la inspiración, llegué a tal grado de maestría en la comedia del sentimiento, que logré arrebatar al auditorio. Un día en que algunas fingidas lágrimas acreditaron mis celos, mi persuasión de que la cajita encerraba la imagen de un rival, de alguien que aún me disputaba el alma de aquella mujer, la vi demudarse, temblar, palidecer, echarme al cuello los brazos y exclamar, por fin, con sinceridad que me avergonzó:

—¡Qué no haría yo por ti! Lo has querido.... pues sea. Ahora mismo, verás lo que hay en la caja.

Apretó un resorte; la tapa de la caja se alzó y divisé en el fondo unas cuantas bolitas tamañas como guisantes, blanquecinas, secas. Miré sin comprender, y ella, reprimiendo un gemido, dijo solemnemente:

—Esas píldoras me las vendió un curandero que realizaba curas casi milagrosas en la gente de mi aldea. Se las pagué muy caras, y me aseguró que, tomando una al sentirme enferma, tengo asegurada la vida. Solo me advirtió que si las apartaba de mí o las enseñaba a alguien, perdían su virtud. Será superstición o lo que quieras: lo cierto es que he seguido la prescripción del curandero, y no solo se me quitaron achaques que padecía (pues soy muy débil), sino que he gozado salud envidiable. Te empeñaste en averiguar... Lo conseguiste... Para mí vales tú más que la salud y que la vida. Ya no tengo panacea; ya mi remedio ha perdido su eficacia; sírveme de remedio tú; quiéreme mucho, y viviré.

Quedéme frío. Logrado mi empeño, no encontraba dentro de la cajita sino el desencanto de una superchería y el cargo de conciencia del daño causado a la persona que, al fin, me amaba. Mi curiosidad, como todas las curiosidades, desde la fatal del Paraíso hasta la no menos funesta de la ciencia contemporánea, llevaba en sí misma su castigo y su maldición. Daría entonces algo bueno por no haber puesto en la cajita los ojos. Y tan arrepentido que me creí enamorado; cayendo de rodillas a los pies de la mujer que sollozaba, tartamudeé:

—No tengas miedo... Todo eso es una farsa, un indigno embuste... El curandero mintió... Vivirás, vivirás mil años... Y aunque hubiesen perdido su virtud las píldoras, ¿qué? Nos vamos a la aldea, y compramos otras... Todo mi capital le doy al curandero por ellas.

Me estrechó, y sonriendo en medio de su angustia, balbuceó a mi oído:

—El curandero ha muerto.

Desde entonces, la dueña de la cajita —que ya no la ocultaba ni la miraba siquiera, dejándola cubrirse de polvo en un rincón de la estantería forrada de felpa azul— empezó a decaer, a consumirse, presentando todos los síntomas de una enfermedad de languidez, refractaria a los remedios. Cualquiera que no me tenga por un monstruo supondrá que me instalé a su cabecera y la cuidé con caridad y abnegación. Caridad y abnegación digo, porque otra cosa no había en mí para aquella criatura de quien había sido verdugo involuntario. Ella se moría, quizá de pasión de ánimo, quizá de aprensión, pero por mi culpa; y yo no podía ofrecerle, en desquite de la vida que le había robado, lo que todo lo compensa: el don de mí mismo, incondicional, absoluto. Intenté engañarla santamente para hacerla dichosa, y ella, con tardía lucidez, adivinó mi indiferencia y mi disimulado tedio, y cada vez se inclinó más hacia el sepulcro.

Y al fin cayó en él, sin que ni los recursos de la ciencia ni mis cuidados consiguiesen salvarla. De cuantas memorias quiso legarme su afecto, solo recogí la caja de oro. Aún contenía las famosas píldoras, y cierto día se me ocurrió que las analizase un químico amigo mío, pues todavía no se daba por satisfecha mi maldita curiosidad. Al preguntar el resultado del análisis, el químico se echó a reír.

—Ya podía usted figurarse —dijo— que las píldoras eran de miga de pan. El curandero (¡sí sería listo!) mandó que no las viese nadie..., para que a nadie se le ocurriese analizarlas. ¡El maldito análisis lo seca todo!

El Liberal, 26 de marzo, 1894. Arco Iris.

La sirena

No es posible pintar el cuidado y desvelo con que la ratona madre atendió a su camada de ratoncillos. Gordos y lucios los crió, y alegres y vivarachos, y con un pelaje ceniciento tan brillante que daba gozo; y no queriendo dejar lo divino por lo humano, prodigó a sus vástagos avisos morales, sabios y rectos, y los puso en guardia contra las asechanzas y peligros del pícaro mundo. «Serán unos ratones de seso y buen juicio», decía para sí la ratona, al ver cuan atentamente la oían y cómo fruncían plácidamente el hociquillo en señal de gustosa aprobación.

Mas yo os contaré aquí, muy en secreto, que los ratoncillos se mostraban tan formales porque aún no habían asomado la cabeza fuera del agujero donde los agasajaba su mamá. Practicada en el tronco de un árbol la madriguera, los cobijaba a maravilla, y era abrigada en invierno y fresca en verano, mullida siempre, y tan oculta, que los chiquillos de la escuela ni sospechaban que allí habitase una familia ratonil.

Sin embargo, de los tres de la nidada, uno ya empezaba a desear sacar el hocico, a soñar con retozos, deportes y correteos por el verde prado que al pie del árbol se extendía alegre e incitante, esmaltado de varias flores y bullente de insectos, mariposas y reptiles. «Me gustaría por los gustares bajar ahí», pensaba el joven ratón, sin atreverse a decirlo en voz alta, de puro miedo, a su madre. Un día que se le escapó alguna señal de su deseo, la madre exclamó trémula de espanto: «Ni en broma lo digas, criatura. Si no quieres que me disguste mucho, no vuelvas a hablar de salir al prado».

¿Creeréis que la prohibición le quitó al ratoncillo las ganas? ¡Bah! Ya sabéis que las prohibiciones son espuela del antojo. No atreviéndose a bajar aún el antojadizo, se pasaba las horas muertas mirando al prado deleitable. ¡Qué bueno sería trotar por entre aquella hierba suave y perfumada! ¡Qué simpático remojarse en el limpio arroyuelo que bañaba de aljófar las raíces de sauces y mimbreras! ¡Qué divertido dar caza a los viboreznos y lagartijas que se deslizaban estremeciendo el follaje y haciendo relumbrar al Sol los tonos metálicos de su elegante cuerpo! ¿Por qué, vamos a ver, por qué prohibía tan inocentes recreos la madre ratona?

Un día que la mamá había salido, según costumbre, en busca de sustento para su prole, el hijo se asomó al agujero, echando más de la mitad del tronco fuera. De pronto sintió como un choque eléctrico y vio que cruzaba por el prado un ser encantador. Era ni más ni menos que una gatita blanca como la nieve, que fijaba en el ratoncillo sus anchas pupilas de esmeralda.

Quedóse el ratón fascinado, absorto. Nunca había visto cosa más linda que la tal gata blanca. ¡Qué gracia y gentileza en sus movimientos, qué soltura en su flexible andar, qué monería en su cara picaresca, y qué virginal candor en su ropaje de armiño! ¡Y qué decir de aquellos ojos verdes con reflejos áureos, aquellos ojos cuyo mirar derretía, incendiaba el corazón!

A no estar tan próxima la hora en que solía regresar a la guarida la madre, el ratón se hubiese arrojado sin vacilar de su nido para acercarse a la preciosa gata. Le contuvieron el temor y el hábito de obedecer, que siempre reprime un tanto, al principio, los ímpetus rebeldes; pero lo que no acertó a sujetar fue su lengua, y loco de entusiasmo refirió a la mamá cómo le tenía fuera de sí la aparición de la gata celeste.

—Qué, ¿has visto a ese monstruo? —exclamó la madre.

—¡Monstruo una criatura tan encantadora! —suspiró el ratoncillo.

—Monstruo horrible, el más funesto, el más sanguinario, el más atroz que, por tu negra suerte, pudiste encontrar. Huye de él, hijo mío, como del fuego; mira que en huir te va la vida; mira que tu padre pereció en las garras de esa maldita fiera, y que todas mis lágrimas son obra suya.

—Madre —repuso atónito el ratoncillo—, apenas puedo creer lo que me aseguras. El agua que corre limpia y clara entre las flores del prado no tiene los matices de aquellos ojos cándidos, ya verdes, ya azulados, siempre dulces, donde siempre juega misteriosamente la luz. Los pétalos de las azucenas y de los lirios del valle ceden en blancura a su nevada piel, que debe de ser más suave que el terciopelo y más flexible que la seda. ¿Cómo quieres que vea un monstruo sanguinario y horrible en la gata? ¡Ay, madre!, desde que la contemplé, solo en ella pienso. Cuanto no es ella, me parece indigno de existir. Antes me gustaban el prado, y el cielo, y los árboles. Ahora todo me cansa y todo lo desprecio. Madre, cúrame de este mal, porque me siento tan triste que creo que se me va a acabar la vida.

Ya supondréis que la pobre ratona haría cuanto cabe para distraer y aliviar a su retoño. A fin de cambiar sus pensamientos en otros más lícitos, llevóle al agujero de unas ratas algo parientas suyas, jóvenes, ricas y honradas, que vivían royendo el trigo del repleto granero; pero el ratón se aburría de muerte entre los montones de grano, en la oscuridad de la troj, y echaba de menos el prado, que iluminaba, antes que el Sol, la presencia de la gata blanca. Porque ya varias veces la había visto pasar juguetona y ligera, fijando sus radiantes pupilas en las inaccesibles alturas del árbol, y siempre que la gata aparecía, el ratón sentía ensanchársele la vida y escapársele el alma —sí, el alma, porque el amor hasta en las bestias la infunde— detrás de aquella maga de los verdes ojos.

No hubiese querido la ratona en tan críticas circunstancias separarse un minuto de su hijo; pero era forzoso salir a cazar, a procurar subsistencia para la familia, y llegó una mañana en que habiendo madrugado la ratona a dejar el nido antes de que amaneciese, el joven ratón, pensativo y melancólico, se asomó al agujero para ver nacer el día. Recta faja dorada franjeó el horizonte; poco a poco la bruma se rasgó y fue absorbiéndose en la clara pureza del cielo, por donde el Sol ascendía como una rosa de oro pálido; los pajaritos saludaron su gloriosa luz con un himno de alegría alborozada y triunfal, y sobre la hierba, aljofarada aún de rocío, como sobre una red de diamantes, mostróse pasando con aristocrática delicadeza y remilgada precaución la hermosa gata blanca.

Exhaló el ratón un chillido de júbilo; la gata le miraba, parecía llamarle, invitarle a que descendiese. «¿Quieres jugar conmigo?», preguntóle él, sin reflexionar, sin acordarse para nada de las maternales advertencias. «Baja», pareció contestar con sus ojos misteriosos la gatita.

Y el ratón bajó aprisa, disparado, ebrio de felicidad, y el juego dio principio, con muchos saltos y carreras. Fingía huir la gata, escondíase entre sauces y mimbres, y cuando el ratón se cansaba de perseguirla, ella se dejaba caer sobre la muelle alfombra del prado, y, escondiendo las uñas, recibía con las patitas de terciopelo al ratón, y ya le despedía, en broma, ya le estrechaba, retozando, en deleitosa mezcla e indescifrable confusión de tratamiento ásperos y dulces.

Nunca sabía el ratón, en aquel juego de veleidades, si iba a ser acogido con demostración tierna y mimosa o con fiero y desdeñoso zarpazo; y en los amados ojos de la esfinge tan pronto veía piélagos de voluptuosidad y relámpagos de risa, como destellos de ferocidad y chispazos sombríos y crueles.

Más de una vez creyó notar que las patitas blandas y muertas se crispaban de súbito, y que bajo lo afelpado de la piel surgían uñas de acero. ¡Y cosa rara! No bien pensaba advertir síntomas tan alarmantes, el ratón cerraba los párpados y volvía gozoso y tembloroso a solazarse con la gata blanca.

Duraba aún el juego, cuando, por la tarde, regresó la ratona y vio de lejos la escena y a su hijo mano a mano con el monstruo. Llorando y desesperada, gritóle desde lejos: «¡Hijo mío, que te pierdes!» El ratón, por supuesto, no le hizo maldito caso. ¡Sí, para oír consejos estaba él! Subido al quinto cielo, nunca el juego le había encantado más. La gata, por el contrario, empezaba a fatigarse y a sospechar que había perdido bastante tiempo con un ratoncillo de mala muerte; y al notar que iba a ponerse el Sol, que se hacía tarde, sin modificar apenas su actitud, siempre graciosa y juguetona, como el que no hace nada, torció la cabeza, aseguró con la boca al ratoncillo, hincó los agudos dientes..., y lo lanzó al aire palpitante y moribundo, para recibirlo en las uñas, tendidas con violencia feroz...

A punto que una nube de sangre cubría ya los ojos del desdichado, y el delirio de la agonía ofuscaba sus sentidos, todavía pudo oírse como murmuraba débilmente: «¿Quieres jugar conmigo, gatita blanca?»

Por eso su madre hizo mal en llorar amargamente al incauto ratón. ¡El expiró tan satisfecho, tan a gusto!

El Imparcial, 18 de marzo, 1895.

Así y todo...

—La sanción penal para la mujer —dijo en voz incisiva Carmona, aficionado a referir casos de esos que dan escalofríos— es no encontrar hombre dispuesto a ofrecerle mano de esposo. Una imperceptible sombra, un pecadillo de coquetería o de ligereza, cualquier genialidad, la más leve impremeditación, bastan para empañar el buen nombre de una doncella, que podrá ser honestísima, pero que, cargada con el sambenito, ya se queda soltera hasta la consumación de los siglos, sin remedio humano. Sucediendo así, ¿cómo se explica que infinitas mujeres notoriamente infames y con razón difamadas, si cien veces enviudan, otras ciento hallan quien las lleve al altar? Para probarles este curioso fenómeno, les contaré un suceso presenciado allá en mis mocedades, que me produjo impresión tan indeleble, que jamás en toda mi vida me ocurrió la idea de casarme. Sí; por culpa de aquella historia moriré soltero, y no me pesa, bien lo sabe Dios.

El lance pasó en M•••, donde estaba de guarnición uno de los regimientos más lucidos del Ejército español, que por su arrojo y decisión en atacar había merecido el glorioso sobrenombre de el adelantado. Era yo entrañable amigo del teniente Ramiro Quesada, mozo de arrogante figura y ardorosa cabeza, uno de esos atolondrados simpáticos, a quienes queremos como se quiere a los niños. No salía Ramiro sin mí; juntos íbamos al teatro, a los saraos, a las juergas —que ya existían entonces, aunque las llamásemos de otro modo—; juntos dábamos largos paseos a caballo, y juntos hacíamos cortetear a nuestras monturas ante las floridas rejas. Nos confiábamos nuestros amoríos, nuestros apurillos de dinero, nuestras ganancias al juego, nuestros sueños y nuestras esperanzas de los veinticinco años. No éramos él ni yo precisamente unos anacoretas, pero tampoco unos perdidos; muchachos alegres, y nada más.

De repente noté que Ramiro se volvía huraño, y retrayéndose de mi trato y compañía se daba a andar solo, como si tuviese algo que le importase encubrir. Vano intento, porque en M••• no caben tapujos. Poco tardamos en averiguar la razón del cambio de carácter del teniente. La clave del enigma no era sino la esposa del capitán Ortiz, una de esas hembras que no calificaré de muy hermosa, pero peores que si lo fuesen: morena, menuda, salerosa al andar, descolorida, de ojos que parecían candelas del infierno y una cintura redonda de las que se pueden rodear con una liga. Ortiz, al parecer (y con motivo, pero sin fruto) era extremadamente celoso, y Ramiro, para avistarse con su tormento, necesitaba emplear ardides de prisionero o de salvaje. El día en que se le frustraba una cita o se le malograba furtivo coloquio en la reja que abría sobre una callejuela oscura y solitaria, estaba el pobre muchacho como demente; ni contestaba si le hablábamos. Aunque yo no alardease de moralista, ni tuviese autoridad para aconsejar, y menos en tales materias, declaro que las relaciones ilícitas de mi amigo me desazonaban mucho, y un presentimiento —lo llamo así porque no sé cómo definir el disgusto y la inquietud que sentía— me anunciaba que algo grave, algo penoso debía acarrearle a Ramiro aquellos malos pasos. Con todo, lejos estaba —a mil leguas— de suponer la tragedia que aconteció.

Cierta mañana esparcióse por M••• la nueva de que el capitán Ortiz había sido encontrado muerto, con un balanzo en el pecho y otro en la cabeza, casi a las puertas de su domicilio, cerca de la esquina donde se abría la callejuela lóbrega. En los primeros momentos no me asaltó la terrible sospecha; creía a Ramiro noble y leal, y solo cuando el rumor público le señaló, comprendí que únicamente él, poseído del demonio, podía haber realizado la obra de tinieblas...

A las pocas horas de descubrirse el cadáver, Ramiro fue preso. Reunióse el Consejo de guerra, y la causa marchó con la fulminante rapidez que caracteriza a la Justicia militar, estimulada por la voluntad expresa del capitán general, que deseaba se cumpliesen a rajatabla las prescripciones legales y se enterrasen a la vez a la víctima y al asesino. Al pronto Ramiro intentó negar; pero dos o tres frases de indignación del fiscal provocaron en él un arranque de altiva franqueza, y confesó de plano que a traición había disparado dos pistoletazos, la noche anterior, al capitán Ortiz. En cuanto a los móviles del crimen, juró y perjuró que no eran otros sino ofensas de jefe a subalterno, rencores por cuestiones de servicio. Llamada a declarar la esposa de Ortiz, compareció de negro, impávida, y aseguró que apenas conocía al asesino de vista. Este, sin pestañear, confirmó la declaración de la señora; y hallándose el reo convicto y confeso, y no habiendo tiempo ni necesidad de más averiguaciones, se pronunció la sentencia de muerte, y Ramiro entró en capilla a las tres de la tarde, para ser arcabuceado al rayar el siguiente día, a las treinta horas del crimen...

No necesito decir que en la capilla me constituí al lado de mi amigo, que demostraba estoica entereza. Sabiendo cuánto alivia una confidencia, un desahogo, le dirigí preguntas afectuosas, llenas de interés; pero el reo se encerró en un silencio sombrío y noté que tenía los ojos tenazmente fijos en la puerta de la capilla, como en espera de que diese paso a alguien... ¡Lo que esperaba él sin ventura —no necesité para adivinarlo gran perspicacia era la llegada de la mujer por quien iba a beber el amargo trago! Sin duda que ella no podía faltar; no podía negarle el supremo consuelo de la despedida, sin duda, el sordo ruido de pasos que resonaba en la antecámara era el de los suyos, que hacían vacilantes el miedo y el dolor... Pero corrió la tarde, empezaron a transcurrir lentas y solemnes las horas de la última noche, y la esperanza abandonó al sentenciado. El sacerdote que le exhortaba y había de absolverle y darle la sagrada Comunión antes que el Sol asomase en el horizonte se retiró un momento a descansar, y solo yo con Ramiro, comprendí que por fin se abrían sus lívidos labios.

—Hace un momento sentía que «ella» no viniese —murmuró, cogiéndome las manos entre las suyas abrasadoras—; ahora me alegro. Ya que me cuesta la vida, que no me cueste también el alma. ¿Que cómo hice la atrocidad, el cobarde asesinato de Ortiz? Mira, casi no lo sé. Me parece que quien cometió esa acción villana no fue Ramiro Quesada, sino otra persona, un hombre distinto de mí, que se me entró en el cuerpo. ¿Te acuerdas de lo alegre de lo franco que era yo? Desde que me acerqué a... esa mujer.... me volví otro. Estaba embrujado... Su marido, a quien ofendíamos, me parecía mi enemigo personal, el obstáculo a nuestra felicidad; le odiaba.... creo que más de lo que la amaba a ella. Así que ella lo notó..., ¡guárdame siempre el secreto!, ¡no lo digas ni a tu madre!, empezó a insinuarme, con medias palabras, la posibilidad del crimen. No hablábamos claro de ese asunto, pero nos entendíamos perfectamente; formábamos planes de retirarnos al campo después, y hasta (mira qué detalle) ella se compró un traje negro nuevo, diciendo que «eso siempre sirve». Como un tornillo se fijó en mi cerebro el propósito del crimen. Y así que ella me vio resuelto, se franqueó, me exaltó más, me ofreció que compartiría mi destino, fuese el que fuese...

Aquí se detuvo Ramiro, y vi que se alteraba más profundamente su rostro. Con voz húmeda, murmuró:

—Yo no quería tanto... ¡Compartir mi destino! Ya ves que ante el Consejo he logrado salvarla... Prefiero morir solo... Pero verla aquí, un momento.... antes de... Al fin, si fui asesino, lo secrétaire por ella, solo por ella... ¡Maldita sea mi suerte! Si no conozco a esa mujer, soy siempre honrado, y tal vez me matan defendiendo a la Patria. ¡El sino del hombre!

....

—¿Y le fusilaron? —preguntamos ansiosos.

—¡Pues no! Según deseaba el general, a un tiempo se cavó la hoya del marido y la del amante. Yo, después del horrible día, me marche de M••• donde me consumía el tedio. Al volver, pasados cinco años, tuve curiosidad de saber qué había sido de la esposa del capitán Ortiz..., y aquí de lo que decíamos; supe que vivía tranquila, casada en segundas nupcias con un acaudalado caballero. Sin embargo, en M••• era pública la causa del triste fin de Ramiro...

Acabó así su relato Carmona, y vimos que inclinaba la cabeza, abrumado por memorias crueles.

La cabellera de Laura

Madre e hija vivían, si vivir se llama aquello, en húmedo zaquizamí, al cual se bajaba por los raídos peldaños de una escalera abierta en la tierra misma: la claridad entraba a duras penas, macilenta y recelosa, al través de un ventanillo enrejado; y la única habitación les servía de cocina, dormitorio y cámara.

Encerrada allí pasaba Laura los días, trabajando afanosamente en sus randas y picos de encaje, sin salir nunca ni ver la luz del Sol, cuidando a su madre achacosa y consolándola siempre que renegaba de la adversa fortuna. ¡Hallarse reducidas a tal extremidad dos damas de rancio abolengo, antaño poseedoras de haciendas, dehesas y joyas a porrillo! ¡Acostarse a la luz de un candil ellas, a quienes había alumbrado pajes con velas de cera en candelabros de plata! No lo podía sufrir la hoy menesterosa señora, y cuando su hija, con el acento tranquilo de la resignación, le aconsejaba someterse a la divina voluntad, sus labios exhalaban murmullos de impaciencia y coléricas maldiciones.

Como siempre los males pueden crecer, llegó un invierno de los más rigurosos, y faltó a Laura el trabajo con que ganaba el sustento. A la decente pobreza sustituyó la negra miseria; a la escasez, el hambre de cóncavas mejillas y dientes amarillos y largos.

Entonces, con acerba ironía, la madre se mofó de Laura, que pensaba, la muy ñoña y la muy necia, asegurar el pan por medio de labor incesante y constantes vigilias. ¡Valiente pan comería así que se quedase ciega! Saldría con un perrito a pedir limosna... ¡Ah, si no fuese tan boba y tan mala hija –teniendo aquel talle, aquel rostro y aquella mata de pelo como oro cendrado, que llegaba hasta los pies–, no dejaría que su madre se desmayase por falta de alimento! Al oír estas insinuaciones, Laura se estremeció de vergüenza y quiso responder enojada; pero recordando que su madre estaba en ayunas desde hacía muchas horas, se cubrió el rostro con las manos y rompió a sollozar. De pronto, como quien adopta una resolución súbita y firme, púsose en pie, se envolvió en un ancho capuchón de lana oscura y salió a la calle, que raras veces pisaba, convencida de que el retiro es la salvaguardia del recato. Sin titubear fue en dirección de un tenducho que había entrevisto y donde creía poder feriar el solo tesoro de que estaba secretamente envanecida y orgullosa. Era dueña del baratillo la astuta vieja Brasilda –gran componedora de voluntades con ribetes de hechicera—, y muy encubierto el rostro, entró Laura en la equívoca mansión.

Como Brasilda preguntase maliciosamente qué traía a vender la tapada y gallarda moza, Laura, sin dejar de esconder el semblante en un pliegue del manto, bajo el capuz, se volvió de espaldas y mostró tendida la espléndida cabellera rubia, brillante y suave más que la seda, y que, con magnífico alarde, rebosando de la orla de la saya, barría el suelo.

—Esto vendo en diez escudos —exclamó—, y córtese ahora mismo.

Convenía la proposición a la vieja, porque la mata de pelo daba para muchas pelucas y postizos, y, asiendo unas tijeras segó la copiosa melena. Al observar que la moza seguía encubriendo el rostro, y creyendo advertir que lloraba muy bajo, silvó a su oído:

—Si eres doncella y tan hermosa como promete tu cabello, aquí te esperan, no diez escudos, sino cien o doscientos, cuando te venga en voluntad.

Recogió Laura el dinero y alejóse sin responder palabra; en la puerta se cruzó con un caballero de buen talle y porte, que no reparó en ella; Laura sí le miró a hurtadillas, y, sin querer, le encontró galán. El caballero que penetraba en la mansión de la bruja era don Luis de Meneses, el mozo más rico, libre y desenfrenado de toda la ciudad, el cual no visitaba a humo de pajas a la madre Brasilda, sino que acudía allí como el cazador, a que le señalen do está la caza, y se la ojeen y acorralen para asegurarla y matarla a gusto.

Después de un rato de conversación, don Luis divisó la soberana cabellera rubia que sobre un paño blanco había extendido la vieja, y en la cual los destellos del velón, siempre encendido en las oscuridades del tenducho, rielaban como en lago de oro.

—¿De qué mujer es ese pelo? —preguntó, sorprendido, el galán.

—A fe que no lo sé, hijo —contestó la vieja—. Una moza acaba de estar aquí, muy airosa de cuerpo, pero tapadísima de cara, que no logré vérsela; vendióme esa mata, cobró, y con extraño misterio se fue un minuto antes que entrases...

—¿Por que no la seguiste, buena pieza?...

—Porque sin duda ella está más pobre que las arañas, y volverá a ganar los cien escudos que le ofrecí...

—¡Bruja condenada! Ese pelo es mío, y la mujer también, si aparece.

Y don Luis aflojó la bolsa, cogió delicadamente el paño y el tesoro que contenía y, ocultándolo bajo el capotillo, se volvió a su casa.

Desde aquel día realizóse en don Luis un cambio sorprendente. Renunciando a sus galanteos y aventuras, olvidando el juego, las burlas y los desafíos, pareció otro hombre. Se le veía, eso sí, en la calle, en el paseo, en las iglesias; sus ojos ávidos registraban y escudriñaban sin cesar, buscando algo que le importaba mucho; pero al anochecer se recogía, y en vida honesta y arreglada no tenían que reprenderle los devotos viejos, de grave apostura y rosario gordo. No faltó quien dijese que el mozo, tocado de la gracia, andaba en meterse capuchino; y es que ni sabían, ni podían sospechar, que don Luis estaba enamorado, ciegamente enamorado, de la cabellera rubia.

Habiéndola colocado respetuosamente, atada con lazo de seda, en un cojín de tisú de plata, se pasaba ante ella las horas muertas, ya besándola en ideal éxtasis de devoción, como a venerada reliquia, ya estrujándola con frenesí de amante que quisiera despedazar y morder lo mismo que adora. Exaltada la imaginación de don Luis por la vista de aquella cascada de oro, de aquella crin en que Febo parecía haber dejado presos sus rayos juguetones, y de la cual se desprendía un aroma vivo, un olor de juventud y de pureza, fantaseaba el tronco a que tal follaje correspondía y adivinaba la mata larguísima, caudalosa, perfumada, cayendo en crenchas y vedijas sobre unas espaldas de nieve, sobre unas formas virginales de rosa y nácar, o rodeando, como nimbo de santa imagen, un rostro de angelical expresión, en que, se abrían las flores azules de los luminosos ojos. Había ideas y recelos que enloquecían al soñador amante. ¿Quién sabe si la infeliz hermosa, después de vender su cabello por conservar la honestidad, había tenido que perder la honestidad por conservar la vida?

Con la fatiga de tal pensamiento, don Luis aborrecía el comer, se consumía de rabia y se abrasaba en extraños celos. Hecho un azotacalles, no cesaba de inquirir, pretendiendo ver al través de todos los postigos y calar todas las rejas y celosías. ¡Trabajo perdido! Ninguna cabeza juvenil cubierta de sortijas doradas y cortas de aquel matiz único, incomparable, se ofrecía a sus ojos. Don Luis adelgazaba, se desmejoraba, estaba a pique de desvariar cada vez que la vieja hechicera Brasilda, aturdida y desconsolada, repetía lazando las manos secas:

—Bruja será también la del cabello de oro, y habráse untado y volado por la chimenea... No parece, hijo, no parece por más que me descuajo buscándola...

Perdido ya de amores don Luis, como hombre a quien le han dado extraño bebedizo, llegó al caso de temer morirse de pasión y furia celosa, y apretando al corazón la cabellera, cuyas roscas le acariciaban las manos febriles, hizo un voto: «Que encuentre a tu dueña, y sea rica o pobre, buena o mala, noble o de plebeya estirpe, con ella me casaré. Pongo por testigo a este Crucifijo que me escucha». Después del voto, lleno de esperanza y de ilusión, salió don Luis a la calle, y, al oscurecer, como fuese muy embozado, le paró cerca de su puerta una pobre, envuelta y cubierta con un viejísimo capuz de lana.

—Señor caballero —decía en voz lastimera y humilde—, ¿necesitan por casa de su merced una labrandera buena y diligente? No hay donde trabajar, y mi madre no tiene qué comer.

—Esa es mi casa —respondió distraídamente don Luis, que pensaba en sus fantásticos amores—; ven mañana que tendrás harta labor... Toma a cuenta —y deja en la mano tendida un escudo.

Al otro día, Laura, sentada en el hueco de una reja de la casa de don Luis, con una canastilla de ropa blanca delante, cosía en silencio, sin tomar parte en la charla de las dueñas; sufría al dejar su morada, su enferma, su retiro; la fatiga encendía sus mejillas antes pálidas. Entraban por la reja los dardos del Sol, y se prendían en los anillos, cortos y sedosos como plumón de pajarito nuevo, de la cabeza descubierta, que no velaba el capuz. Y, casualmente, pasó don Luis tan absorto que ni miró a la joven labrandera. Pero ella, reconociendo en don Luis al caballero galán de quien no había cesado de acordarse —el que vio cuando salía de vender su cabellera en casa de la bruja—, exhaló un grito involuntario... Al oírlo, volvióse don Luis, y, cruzando las manos, creyó que alguna aparición del cielo le visitaba, pues reconoció el matiz único de la melena rubia en la ensortijada testa que bañaba el Sol... Y dirigiéndose a las dueñas y a las mozas de servicio, con imperio y ufanía, dijo solemnemente:

—No labréis más; hoy es día de fiesta: saludad a vuestra señora...

El Imparcial, 17 enero 1898.

Delincuente honrado

—De todos los reos de muerte que he asistido en sus últimos instantes —nos dijo el padre Téllez, que aquel día estaba animado y verboso—, el que me infundió mayor lástima fue un zapatero de viejo, asesino de su hija única. El crimen era horrible. El tal zapatero, después de haber tenido a la pobre muchacha rigurosamente encerrada entre cuatro paredes; después de reprenderla por asomarse a la ventana; después de maltratarla, pegándole por leves descuidos, acabó llegándose una noche en su cama y clavándole en la garganta el cuchillo de cortar suela. La pobrecilla parece que no tuvo tiempo ni de dar un grito, porque el golpe segó la carótida. Esos cuchillos son un arma atroz, y al padre no le tembló la mano; de modo que la muchacha pasó, sin transición, del sueño a la eternidad.

La indignación de las comadres del barrio y de cuantos vieron el cadáver de una criatura preciosa de diecisiete años, tan alevosamente sacrificada, pesó sobre el Jurado; y como el asesino no se defendía y parecía medio estúpido, le condenaron a la última pena. Cuando tuve que ejercer con él mi sagrado ministerio, a la verdad, temí encontrar detrás de un rostro de fiera, un corazón de corcho o unos sentimientos monstruosos y salvajes. Lo que vi fue un anciano de blanquísimos cabellos, cara demacrada y ojos enrojecidos, merced al continuo fluir de las lágrimas, que poco a poco se deslizaban por las mejillas consumidas, y a veces paraban en los labios temblones, donde el criminal, sin querer, las bebía y saboreaba su amargor.

Lejos de hallarle rebelde a la divina palabra, apenas entré en su celda se abrazó a mis rodillas y me pidió que le escuchase en confesión, rogándome también que, después de cumplir el fallo de la Justicia, hiciese públicas sus revelaciones en los periódicos, para que rehabilitasen su memoria y quedase su decoro como correspondía. No juzgué procedentes acceder en este particular a sus deseos; pero hoy los invoco, y me autorizan para contarles a ustedes la historia. Procuraré recordar el mismo lenguaje de que él se sirvió, y no omitiré las repeticiones, que prueban el trastorno de su mísera cabeza:

—Padre confesor —empezó por decir—, ante todo sepa usted que yo soy un hombre decente, todo un caballero. Esa niña... que maté... nació al año de haberme casado. Era bonita, y su madre también.... ¡ya lo creo!, preciosa, que daba gloria el mirarla. Yo tenía ya algunos añitos..., y ella, una moza de rumbo, más fresca que las mismas rosas. Digo la madre, señor; digo su madre, porque por la madre tenemos que principiar. Los hijos, así como heredan los dineros del que los tiene.... heredan otras cosas... Usted, que sabrá mucho, me entenderá. Yo no sé nada, pero..., ¡a caballero no me ha ganado nadie!

La madre..., yo me miraba en sus ojos, porque la quería de alma, según corresponde a un marido bueno. Le hacía regalos; trabajaba día y noche para que tuviese su ropa maja y su mantón y sus aretes, y sobre todo.... ¡porque eso es antes!, a diario su puchero sano, y cuando parió, su cuartillo de vino y su gallina... No me remuerde la conciencia de haberle escatimado un real. Ella era alegre y cantaba como una calandria, y a mí se me quitaban las penas de oírla. Lo malo fue que como le celebraron la voz y las coplas, y empezaron a arremolinarse para escucharla, y el uno que llega y el otro que se pega, y éste que encaja una pulla, y aquél que suelta un requiebro.... en fin, vi que se ponía aquello muy mal, y le dije lo que venía al caso. ¿Sabe usted lo que me contestó? Que no lo podía remediar, que le gustaba el gentío, y oír cómo la jaleaban, que cada cual es según su natural, y que no le rompiese la cabeza con sermones... De allí a un mes (no se me olvida la fecha, el día de la Candelaria) desapareció de casa, sin dar siquiera un beso a la niña..., que tenía sus cinco añitos y era como un Sol.

—Aquí —intercaló el padre Téllez— tuvo una crisis de sollozos, y por poco me enternezco yo también, a pesar de que la costumbre de asistir a los reos endurece y curte. Le consolé cuanto era posible, le di a beber un trago de anís, y el desdichado prosiguió:

—Supe luego que andaba por los coros de los teatros, y sabe Dios cómo... Y lo que más me barajaba los sesos, ¡por qué la honra trabaja mucho!, era que me decían los amigos, al pasar delante de mi obrador: «No tienes vergüenza... Yo que tú, la mato». De tanto oírlo, se me pegó el estribillo, y mientras batía suela, ¡tan, tan, catán!, repetía en alto: «No tengo vergüenza... ¡Había que matarla!» Solo que ni la encontré en jamás, ni tuve ánimos para echarme en su busca. Y así que pasaron tres años, nadie me venía con que la matase, porque ella rodaba por Andalucía, hasta que se la llevaron a América..., ¡qué sé yo adonde! ¡Si vive y lee los diarios y ve cómo murió su hija...!

El reo tuvo un ataque de risa convulsiva, y le sosegué otra vez a fuerza de exhortaciones y consejos.

—Así que se me quitó de la imaginación la madre, empecé a cuidar de la niña. No tenía otra cosa para qué mirar en el mundo. Me propuse que no había de perderse, ni arrimarme otro tiznón, y no la dejé salir ni al portal. Aunque me dijese, es un verbigracia: «Padre, tengo ganas de correr», o «Padre, me pide el cuerpo ir a la plazuela», nada, yo sujetándola, que se divirtiese con su canario, o con los pliegos de aleluyas, o con la maceta de albahaca, pero ¡sin sacar un dedo fuera! Y así que fue espigando, y me hice cargo de que era muy bonita, tan bonita como su madre, y parecida a ella como una gota a otra gota.... y con una voz de ángel también, se me abrieron los ojos de a cuarta, y dije: «No, lo que es tú.... no has de echarme el borrón».

Y me convertí en espía, y la velé hasta el sueño, y no contento con guardarla dentro de casa, me paseaba por la callejuela debajo de su ventana, a ver si andaba por allí algún zángano; tanto, que la castañera de la esquina me dijo así: «Abuelo, está usted chiflado. ¿A quién se le ocurre rondar a su propia hija? ¡Qué viejos más escamones!»

Pero no lo podía remediar. Toda cuanta candidez y buena fe había tenido con la madre, ahora se me volvía desconfianza. Se me había clavado aquí, entre las cejas, que mi hija se perdería, que era infalible que se perdiese, sobre todo si daba en cantar. Y me eché de rodillas delante de ella, y la obligué a que me jurase que no cantaría nunca, así se hundiese el mundo. Y me lo juró. Solo que, como ya no era yo aquel de antes, de allí a pocas mañanas, acechando desde la esquina, la veo que abre la ventana, que se pone a regar las macetas, y que al mismo tiempo, a competencia con el canario, rompe a cantar... Me dio la sangre una vuelta redonda y se me quedaron las manos frías. Volví a casa, entré en el cuarto de la muchacha, la cogí por el pelo y debí de pegarle bastante, porque gritó y estuvo más de una semana con una venda.

¿Creerá usted, padre, que se enmendó? A los quince días vuelvo a rondar y vuelve a asomarse, y otra vez el canticio, y enfrente un grupo de mozalbetes que se para y le dice muchos olés...

Callé; no entré a castigarla. Y por la tarde, mientras batía mi suela, me parecía que una voz rara, como de algún chulo que se reía de mí, me decía lo mismo que doce años antes: «No tienes vergüenza... Había que matarla.»

Cené muy triste, y después que me acosté, la misma voz, erre que erre: «Matarla, matarla...»

Entonces me levanté despacio, cogí la herramienta, en puntillas, me acerqué a la cama, y de un solo golpe... Ahora hagan de mí lo que quieran, que ya tengo mi honra desempeñada.

—¿Creerán ustedes —añadió el padre Téllez— que no le pude quitar la tema de la honra? Se arrepentía.... pero a los dos minutos volvía a porfiar que era un caballero, y su conducta, más que culpable, ejemplar... En este terreno casi murió impenitente...

—Estaría loco —dijimos, a fin de consolar al sacerdote, que se había quedado muy abatido al terminar su relato.

El Imparcial, 12 abril 1897.

Primer amor

¿Qué edad contaría yo a la sazón? ¿Once o doce años? Más bien serían trece, porque antes es demasiado temprano para enamorarse tan de veras; pero no me atrevo a asegurar nada, considerando que en los países meridionales madruga mucho el corazón, dado que esta víscera tenga la culpa de semejantes trastornos.

Si no recuerdo bien el «cuándo», por lo menos puedo decir con completa exactitud el «cómo» empezó mi pasión a revelarse.

Gustábame mucho —después de que mi tía se largaba a la iglesia a hacer sus devociones vespertinas— colarme en su dormitorio y revolverle los cajones de la cómoda, que los tenía en un orden admirable. Aquellos cajones eran para mí un museo. Siempre tropezaba en ellos con alguna cosa rara, antigua, que exhalaba un olorcillo arcaico y discreto: el aroma de los abanicos de sándalo que andaban por allí perfumando la ropa blanca. Acericos de raso descolorido ya; mitones de malla, muy doblados entre papel de seda; estampitas de santos; enseres de costura; un «ridículo» de terciopelo azul bordado de canutillo: un rosario de ámbar y plata, fueron apareciendo por los rincones. Yo los curioseaba y los volvía a su sitio. Pero un día —me acuerdo lo mismo que si fuese hoy— en la esquina del cajón superior y al través de unos cuellos de rancio encaje, vi brillar un objeto dorado... Metí las manos, arrugué sin querer las puntillas, y saqué un retrato, una miniatura sobre marfil, que mediría tres pulgadas de alto, con marco de oro.

Me quedé como embelesado al mirarla. Un rayo de Sol se filtraba por la vidriera y hería la seductora imagen, que parecía querer desprenderse del fondo oscuro y venir hacia mí. Era una criatura hermosísima, como yo no la había visto jamás sino en mis sueños de adolescente, cuando los primeros estremecimientos de la pubertad me causaban, al caer la tarde, vagas tristezas y anhelos indefinibles. Podría la dama del retrato frisar en los veinte y pico; no era una virgencita cándida, capullo a medio abrir, sino una mujer en quien ya resplandecía todo el fulgor de la belleza. Tenía la cara oval, pero no muy prolongada; los labios carnosos, entreabiertos y risueños; los ojos lánguidamente entornados, y un hoyuelo en la barba, que parecía abierto por la yema del dedo juguetón de Cupido. Su peinado era extraño y gracioso: un grupo compacto a manera de piña de bucles al lado de las sienes, y un cesto de trenzas en lo alto de la cabeza. Este peinado antiguo, que arremangaba en la nuca, descubría toda la morbidez de la fresca garganta, donde el hoyo de la barbilla se repetía más delicado y suave. En cuanto al vestido...

Yo no acierto a resolver si nuestras abuelas eran de suyo menos recatadas de lo que son nuestras esposas, o si los confesores de antaño gastaban manga más ancha que los de hogaño. Y me inclino a creer esto último, porque hará unos sesenta años las hembras se preciaban de cristianas y devotas, y no desobedecían a su director de conciencia en cosa tan grave y patente. Lo indudable es que si en el día se presenta alguna señora con el traje de la dama del retrato, ocasiona un motín, pues desde el talle (que nacía casi en el sobaco) solo la velaban leves ondas de gasa diáfana, señalando, mejor que cubriendo, dos escándalos de nieve, por entre los cuales serpeaba un hilo de perlas, no sin descansar antes en la tersa superficie del satinado escote. Con el propio impudor se ostentaban los brazos redondos, dignos de Juno, rematados por manos esculturales... Al decir «manos» no soy exacto, porque, en rigor, solo una mano se veía, y ésa apretaba un pañuelo rico.

Aún hoy me asombro del fulminante efecto que la contemplación de aquella miniatura me produjo, y de cómo me quedé arrobado, suspensa la respiración, comiéndome el retrato con los ojos. Ya había yo visto aquí y acullá estampas que representaban mujeres bellas. Frecuentemente, en las ilustraciones, en los grabados mitológicos del comedor, en los escaparates de las tiendas, sucedía que una línea gallarda, un contorno armonioso y elegante, cautivaba mis miradas precozmente artísticas; pero la miniatura encontrada en el cajón de mi tía, aparte de su gran gentileza, se me figuraba como animada de sutil aura vital; advertíase en ella que no era el capricho de un pintor, sino imagen de persona real, efectiva, de carne y hueso. El rico y jugoso tono del empaste hacía adivinar, bajo la nacarada epidermis, la sangre tibia; los labios se desviaban para lucir el esmalte de los dientes; y, completando la ilusión, corría alrededor del marco una orla de cabellos naturales castaños, ondeados y sedosos, que habían crecido en las sienes del original. Lo dicho: aquello, más que copia, era reflejo de persona viva, de la cual solo me separaba un muro de vidrio... Puse la mano en él, lo calenté con mi aliento, y se me ocurrió que el calor de la misteriosa deidad se comunicaba a mis labios y circulaba por mis venas.

Estando en esto, sentí pisadas en el corredor. Era mi tía que regresaba de sus rezos. Oí su tos asmática y el arrastrar de sus pies gotosos. Tuve tiempo no más que de dejar la miniatura en el cajón, cerrarlo, y arrimarme a la vidriera, adoptando una actitud indiferente y nada sospechosa.

Entró mi tía sonándose recio, porque el frío de la iglesia le había recrudecido el catarro, ya crónico. Al verme se animaron sus ribeteados ojillos, y, dándome un amistoso bofetoncito con la seca palma, me preguntó si le había revuelto los cajones, según costumbre.

Después, sonriéndose con picardía:

—Aguarda, aguarda —añadió—, voy a darte algo... que te chuparás los dedos.

Y sacó de su vasta faltriquera un cucurucho, y del cucurucho, tres o cuatro bolitas de goma adheridas, como aplastadas, que me infundieron asco.

La estampa de mi tía no convidaba a que uno abriese la boca y se zampase el confite: muchos años, la dentadura traspillada, los ojos enternecidos más de los justo, unos asomos de bigote o cerdas sobre la hundida boca, la raya de tres dedos de ancho, unas canas sucias revoloteando sobre las sienes amarillas, un pescuezo flácido y lívido como el moco del pavo cuando está de buen humor... Vamos que yo no tomaba las bolitas, ¡ea! Un sentimiento de indignación, una protesta varonil se alzó en mí, y declaré con energía:

—No quiero, no quiero.

—¿No quieres? ¡Gran milagro! ¡Tú que eres más goloso que la gata!

—Ya no soy ningún chiquillo —exclamé creciéndome, empinándome en la punta de los pies— y no me gustan las golosinas.

La tía me miró entre bondadosa e irónica, y al fin, cediendo a la gracia que le hice, soltó el trapo, con lo cual se desfiguró y puso patente la espantable anatomía de sus quijadas. Reíase de tan buena gana, que se besaban barba y nariz, ocultando los labios, y se le señalaban dos arrugas, o mejor, dos zanjas hondas, y más de una docena de pliegues en mejillas y párpados. Al mismo tiempo, la cabeza y el vientre se le columpiaban con las sacudidas de la risa, hasta que al fin vino la tos a interrumpir las carcajadas, y entre risas y tos, involuntariamente, la vieja me regó la cara con un rocío de saliva... Humillado y lleno de repugnancia, huí a escape y no paré hasta el cuarto de mi madre, donde me lavé con agua y jabón, y me di a pensar en la dama del retrato.

Y desde aquel punto y hora ya no acerté a separar mi pensamiento de ella. Salir la tía y escurrirme yo hacia su aposento, entreabrir el cajón, sacar la miniatura y embobarme contemplándola, todo era uno. A fuerza de mirarla, figurábaseme que sus ojos entornados, al través de la —voluptuosa penumbra de las pestañas, se fijaban en los míos, y que su blanco pecho respiraba afanosamente. Me llegó a dar vergüenza besarla, imaginando que se enojaba de mi osadía, y solo la apretaba contra el corazón o arrimaba a ella el rostro. Todas mis acciones y pensamientos se referían a la dama; tenía con ella extraños refinamientos y delicadezas nimias. Antes de entrar en el cuarto de mi tía y abrir el codiciado cajón, me lavaba, me peinaba, me componía, como vi después que suele hacerse para acudir a las citas amorosas.

Me sucedía a menudo encontrar en la calle a otros niños de mi edad, muy armados ya de su cacho de novia, que ufanos me enseñaban cartitas, retratos y flores, preguntándome si yo no escogería también «mi niña» con quien cartearme. Un sentimiento de pudor inexplicable me ataba la lengua, y solo les contestaba con enigmática y orgullosa sonrisa. Cuando me pedían parecer acerca de la belleza de sus damiselillas, me encogía de hombros y las calificaba desdeñosamente de feas y fachas.

Ocurrió cierto domingo que fui a jugar a casa de unas primitas mías, muy graciosas en verdad, y que la mayor no llegaba a los quince. Estábamos muy entretenidos en ver un estereóscopo, y de pronto una de las chiquillas, la menor, doce primaveras a lo sumo, disimuladamente me cogió la mano, y, conmovidísima, colorada como una fresa, me dijo al oído:

—Toma.

Al propio tiempo sentí en la palma de la mano una cosa blanda y fresca, y vi que era un capullo de rosa, con su verde follaje. La chiquilla se apartaba sonriendo y echándome una mirada de soslayo; pero yo, con un puritanismo digno del casto José, grité a mi vez:

—¡Toma!

Y le arrojé el capullo a la nariz, desaire que la tuvo toda la tarde llorosa y de morros conmigo, y que aún a estas fechas, que se ha casado y tiene tres hijos, probablemente no me ha perdonado.

Siéndome cortas para admirar el mágico retrato las dos o tres horas que entre mañana y tarde se pasaba mi tía en la iglesia, me resolví, por fin, a guardarme la miniatura en el bolsillo, y anduve todo el día escondiéndome de la gente lo mismo que si hubiese cometido un crimen.

Se me antojaba que el retrato, desde el fondo de su cárcel de tela, veía todas mis acciones, y llegué al ridículo extremo de que si quería rascarme una pulga, atarme un calcetín o cualquier otra cosa menos conforme con el idealismo de mi amor purísimo, sacaba primero la miniatura, la depositaba en sitio seguro y después me juzgaba libre de hacer lo que más me conviniese.

En fin, desde que hube consumado el robo, no cabía en mí; de noche lo escondía bajo la almohada y me dormía en actitud de defenderlo; el retrato quedaba vuelto hacia la pared, yo hacia la parte de afuera, y despertaba mil veces con temor de que viniesen a arrebatarme mi tesoro. Por fin lo saqué de debajo de la almohada y lo deslicé entre la camisa y la carne, sobre la tetilla izquierda, donde al día siguiente se podían ver impresos los cincelados adornos del marco.

El contacto de la cara miniatura me produjo sueños deliciosos. La dama del retrato, no en efigie, sino en su natural tamaño y proporciones, viva, airosa, afable, gallarda, venía hacia mí para conducirme a su palacio, en un carruaje de blandos almohadones. Con dulce autoridad me hacía sentar a sus pies en un cojín y me pasaba la torneada mano por la cabeza, acariciándome la frente, los ojos y el revuelto pelo. Yo le leía en un gran misal, o tocaba el laúd, y ella se dignaba sonreírse agradeciéndome el placer que le causaban mis canciones y lecturas. En fin: las reminiscencias románticas me bullían en el cerebro, y ya era paje, ya trovador.

Con todas estas imaginaciones, el caso es que fui adelgazando de un modo notable, y lo observaron con gran inquietud mis padres y mi tía.

—En esa difícil y crítica edad del desarrollo, todo es alarmante —dijo mi padre, que solía leer libros de Medicina y estudiaba con recelo las ojeras oscuras, los ojos apagados, la boca contraída y pálida, y, sobre todo, la completa falta de apetito que se apoderaba de mí.

—Juega, chiquillo; come, chiquillo —solían decirme.

Y yo les contestaba con abatimiento:

—No tengo ganas.

Empezaron a discurrirme distracciones. Me ofrecieron llevarme al teatro; me suspendieron los estudios y diéronme a beber leche recién ordeñada y espumosa. Después me echaron por el cogote y la espalda duchas de agua fría, para fortificar mis nervios; y noté que mi padre, en la mesa, o por las mañanas cuando iba a su alcoba a darle los buenos días, me miraba fijamente un rato y a veces sus manos se escurrían por mi espinazo abajo, palpando y tentando mis vértebras. Yo bajaba hipócritamente los ojos, resuelto a dejarme morir antes que confesar el delito. En librándome de la cariñosa fiscalización de la familia, ya estaba con mi dama del retrato. Por fin, para mejor acercarme a ella acordé suprimir el frío cristal: vacilé al ir a ponerlo en obra. Al cabo pudo más el amor que el vago miedo que semejante profanación me inspiraba, y con gran destreza logré arrancar el vidrio y dejar patente la plancha de marfil. Al apoyar en la pintura mis labios y percibir la tenue fragancia de la orla de cabellos, se me figuró con más evidencia que era persona viviente la que estrechaban mis manos trémulas. Un desvanecimiento se apoderó de mí, y quedé en el sofá como privado de sentido, apretando la miniatura.

Cuando recobré el conocimiento vi a mi padre, a mi madre, a mi tía, todos inclinados hacia mí con sumo interés. Leí en sus caras el asombro y el susto. Mi padre me pulsaba, meneaba la cabeza y murmuraba:

—Este pulso parece un hilito, una cosa que se va.

Mi tía, con sus dedos ganchudos, se esforzaba en quitarme el retrato, y yo, maquinalmente, lo escondía y aseguraba mejor.

—Pero, chiquillo.... ¡suelta, que lo echas a perder! —exclamaba ella—. ¿No ves que lo estás borrando? Si no te riño, hombre... Yo te lo enseñaré cuantas veces quieras; pero no lo estropees. Suelta, que le haces daño.

—Déjaselo —suplicaba mi madre—, el niño está malito.

—¡Pues no faltaba más!-contestó la solterona—. ¡Dejarlo! ¿Y quién hace otro como ese... ni quién me vuelve a mí los tiempos aquellos? ¡Hoy en día nadie pinta miniaturas!... Eso se acabó... Y yo también me acabé y no soy lo que ahí aparece!

Mis ojos se dilataban de horror; mis manos aflojaban la pintura. No sé cómo pude articular:

—Usted... El retrato.... es usted...

—¿No te parezco tan guapa, chiquillo? ¡Bah! Veintiséis años son más bonitos que..., que.... que no sé cuántos, porque no llevo la cuenta; nadie ha de robármelos.

Doblé la cabeza, y acaso me desmayaría otra vez. Lo cierto es que mi padre me llevó en brazos a la cama y me hizo tragar unas cucharadas de oporto.

Convalecí presto y no quise entrar más en el cuarto de mi tía.

«La Revista Ibérica», núm. 14, 1883.

La inspiración

Temporada fatal estaba pasando el ilustre Fausto, el gran poeta. Por una serie de circunstancias engranadas con persistencia increíble, todo le salía mal, todo fallido, raquítico, como si en torno suyo se secasen los gérmenes y la tierra se esterilizase. Sin ser viejo de cuerpo, envejecía rápidamente su alma, deshojándose en triste otoñada sus amarillentas ilusiones. Lo que le abrumaba no era dolor, sino atonía de su ardorosa sensibilidad y de su imaginación fecunda.

Acababa de romper relaciones con una mujer a quien no amaba: aquello principió por una comedia sentimental, y duró entre una eternidad de tedio, el cansancio insufrible del actor que representa un papel antipático, que ya va olvidando, de puro sabido, en un drama sin interés y sin literatura. Y, no obstante, cuando la mujer mirada con tanta indiferencia le suplantó descaradamente y le hizo blanco de acerbas pullas que se repetían en los salones, Fausto sintió una de esas amarguras secas, irritantes, que ulceran el alma, y quedó, sin querérselo confesar, descontento de sí, rebajado a sus propios ojos, saturado de un escepticismo vulgar y prosaico, embebido de la ingrata grata convicción de que su mente ya no volvería a crear obra de arte, ni su corazón a destilar sentimiento.

Sí: Fausto se imaginaba que no era poeta ya. Así como los místicos tienen horas en que la frialdad que advierten los induce a dudar de su propia fe, los artistas desfallecen en momentos dados, creyéndose impotentes, paralíticos, muertos.

Recluido en su gabinete, Fausto llamaba a la musa; pero en vano brillaba la lámpara, ardía la chimenea, exhalaban perfume los jacintos y las violetas, susurraba la seda del cortinaje: la infiel no acudía a la cita, y Fausto, con la frente calenturienta apoyada en la palma de la mano —actitud familiar para todos los que han luchado a solas con el ángel rebelde—, no sentía fluir ni una gota del manantial delicioso; solo veía rosas negras, áridos arenales caldeados por el Sol del desierto.

En aquellos momentos de agonía, su conciencia le acusaba diciéndole que la decadencia del artista procedía del indiferentismo del hombre; que la poesía no acude a los páramos, sino a los oasis, y que si no podía volver a animar, tampoco podría volver a aparear versos, como quien unce parejas de corzas blancas al mismo carro de oro.

Las mujeres que le habían burlado y abandonado eran, sin duda indignas de su amor; pero tampoco él, Fausto, el poeta, el soñador, el ave, se había tomado el trabajo de quererlo inspirar, ni menos de sentirlo. El desierto no era el alma ajena, era su alma. Quien solo ofrece llanuras candentes y peñascales yermos, no extrañe que el viajero cansado no se siente a reposar, ni quiera dormir larga y dulce siesta, como la que se duerme a la sombra de las palmeras verdes, al lado del fresco pozo...

Paseábase Fausto una tarde de septiembre, a pie y sin objeto, por una de las solitarias rondas madrileñas, y al borde de un solar cercado de tablas divisó grupos de gente que examinaba, con muestras de vivísimo interés, algo caído en el suelo. Las cabezas se inclinaban, y del corro salían exclamaciones de lástima y admiración. Fausto iba a pasar sin hacer caso; pero una sensación indefinible de curiosidad cruel le empujó al remolino. Pensó que la realidad es madre de la poesía, y que a veces del incidente más vulgar salta la chispa generadora. No sin algún trabajo consiguió abrirse camino, y ya en primera fila, pudo ver lo que causaba el asombro de aquel gentío humilde.

Sobre la hiedra enteca y mísera que a duras penas brotaba del terreno arcilloso, yacía tendida una mujer joven, de sorprendente belleza. La palidez de la muerte, y esa especie de misteriosa dignidad y calma que imprime a las facciones, la hacían semejante a perfectísimo busto de mármol, y el ligero vidriado de los árabes ojos no amenguaba su dulzura. El pelo, suelto, rodeaba como un cojín de terciopelo mate la faz, y la boca, entreabierta, dejaba ver los dientes de nácar entre los descoloridos y puros labios. No se distinguía herida alguna en el cuerpo de la joven, y sus ropas conservaban decente compostura. Estaba echada de lado. Una faja de lana unía su cintura a la de un mocetón feo y tosco, muerto también, de un balazo que, entrando por el oído, había roto el cráneo. Sin duda, en la agonía de los dos enamorados la faja debió de aflojarse, pues la mujer aparecía algo vuelta hacia la derecha, y el mozo a la izquierda, como desviándose de su compañera en el morir.

Con mezcla de piedad y de enojo, los albañiles, las lavanderas y los guardias de Orden Público comentaban el trágico suceso. Tratábase de un doble suicidio, concertado de antemano, y hasta anunciado por el bruto del mozo en una taberna la noche anterior.

La oposición de los padres de ella, las malas costumbres de él y el haber caído soldado, eran la causa. Ella no podía resignarse a la separación. Ella misma, la mujer apasionada, había lanzado la terrible idea, acogida con fruición estúpida por el hombre celoso y feroz. Morir, irse abrazados a donde Dios dispusiese; no apartarse ya nunca; pese a quien pese, desposarse en el ataúd...

Sin dilación adquirió el revólver, y después de una mañana que pasaron juntos almorzando en un ventorro, los dos amantes se habían recogido al extraviado solar, donde, arrollando primero la faja del mozo alrededor de ambas cinturas, ella había tendido con sublime confianza el seno izquierdo, sin que, ni al sentir sobre el corazón el cañón del arma, se borrase de sus labios aquella sonrisa que aún conservaba fija en la boca, ¡aquella sonrisa que lucía los dientes de nácar entre los descoloridos y puros labios!

Por la noche, al retirarse Fausto a su casa, percibió una fiebre singular que conocía de antemano, pues solía experimentarla cada vez que se renovaba su ser con afectos nunca sentidos. Semejante excitación nerviosa, señalaba, como la manecilla del reloj, las etapas sucesivas de su vida moral. La alegría extremada, la pena vehemente e inconsolable se anunciaban igualmente para Fausto con un desasosiego raro, una turbación del corazón, que ya acelera sus latidos, ya se aquieta y desmaya hasta el síncope. Las horas nocturnas las contó desvelado en la cama; no podía apartar del pensamiento la imagen de la muchacha muerta; y mientras volvía a ver el solar, el corro de curiosos, el grupo trágico de los amantes que, abrazados, emprenden el viaje sin regreso, un bullir confuso de rimas, un surgir de estrofas incompletas, un rodar oceánico de versos sonoros, ascendía de su corazón palpitante a su cerebro, y bajaba después, a manera de corriente impetuosa, a su mano, impaciente ya de asir la pluma...

Lo más raro de todo era que Fausto, con la fantasía, enmendaba la plana al ciego Destino. La hermosa niña que había recibido en el seno izquierdo la bala, no estaba enamorada del bárbaro y plebeyo borrachín, del perdulario soez que descansaba a su lado, y que la amarró con la faja antes de darle muerte. No; el predilecto de aquella mujer que sabía querer y morir; el que antes de asesinarla había aspirado el aliento de su boca de virgen, era Fausto, el poeta; Fausto, que por fin encontraba su ideal, y que al encontrarlo prefería dejar la Tierra, sellando con el sello de lo irreparable tan magnífica pasión.

¿Quién duda que solo Fausto, capaz de comprender el valor de la acción sublime, merecía haberla inspirado? Corrigiendo la inepcia de los hechos, despreciando la vana apariencia de lo real, Fausto recogía para sí la ardiente flor amorosa, la flor de sangre sembrada en el erial de la ronda madrileña. El era el compañero de aquella muerta que sonreía; él era quien había apoyado el revólver sobre el impávido seno de la heroína, no solo tranquila ante la muerte, sino prendada de la muerte que une eternamente, sin separación posible, a los que quisieron con delirio... Y la sugestión apretó tanto, que Fausto arrojó las sábanas, encendió luz y empezó a emborronar papel...

....

Tal fue el origen del poema Juntos, el mejor timbre de gloria de Fausto, lo que consagrará ante la posteridad su nombre, porque Juntos es (lo afirma la crítica) una maravilla de sentimiento verdadero, y se comprende que está escrito con lágrimas vivas del poeta, que corresponde a penas y goces no fingidos, a algo que no se inventa, porque no puede inventarse.

El Imparcial, 12 febrero 1894.

Champagne

Al destaparse la botella de dorado casco, se oscurecieron los ojos de la compañera momentánea de Raimundo Valdés, y aquella sombra de dolor o de recuerdo despertó la curiosidad del joven, que se propuso inquirir por qué una hembra que hacía profesión de jovialidad se permitía mostrar sentimientos tristes, lujo reservado solamente a las mujeres honradas, dueñas y señoras de su espíritu y su corazón.

Solicitó una confidencia y, sin duda, «la prójima» se encontraba en uno de esos instantes en que se necesita expansión, y se le dice al primero que llega lo que más hondamente puede afectarnos, pues sin dificultades ni remilgos contestó, pasándose las manos por los ojos:

—Me conmueve siempre ver abrir una botella de champagne, porque ese vino me costó muy caro... el día de mi boda.

—Pero ¿tú te has casado alguna vez... ante un cura? —preguntó Raimundo con festiva insolencia.

—Ojalá no —repuso ella con el acento de la verdad, con franqueza impetuosa—. Por haberme casado, ando como me ves.

—Vamos, ¿tu marido será algún tramposo, algún pillo?

—Nada de eso. Administra muy bien lo que tiene y posee miles de duros... Miles, sí, o cientos de miles.

—Chica, ¡cuántos duros! En ese caso... ¿Te daba mala vida? ¿Tenía líos? ¿Te pegaba?

—Ni me dio mala vida, ni me pegó, ni tuvo líos, que yo sepa... ¡Después sí que me han pegado! Lo que hay es que le faltó tiempo para darme vida mala ni buena, porque estuvimos juntos, ya casados, un par de horas nada más.

—¡Ah! —murmuró Valdés, presintiendo una aventura interesante.

—Verás lo que pasó, prenda. Mis padres fueron personas muy regulares pero sin un céntimo. Papá tenía un empleíllo, y con el angustiado sueldo se las arreglaban. Murió mi madre; a mi padre le quitaron el destino...; y como no podía mantenernos el pico a mi hermano y a mí, y era bastante guapo, se dejó camelar por una jamona muy rica y se casó con ella en segundas. Al principio, mi madrastra se portó..., vamos, bien; no nos miraba a los hijastros con malos ojos. Pero así que yo fui creciendo y haciéndome mujer, y que los hombres dieron en decirme cosas en la calle, comprendí que en casa

84

me cobraban ojeriza. Todo cuanto yo hacía era mal hecho, y tenía siempre detrás al juez y al espía...: la madrastra. Mi padre se puso muy pensativo, y comprendí que le llegaba al alma que se me tratase mal. Y lo que resultó de estas trifulcas fue que se echaron a buscarme marido para zafarse de mí. Por casualidad lo encontraron pronto. Sujeto acomodado, cuarentón, formal, recomendable, seriote... En fin; mi mismo padre se dio por contento y convino en que era una excelente proporción la que se me presentaba. Así es que ellos en confianza trataron y arreglaron la boda, y un día, encontrándome yo bien descuidada..., ¡a casarse!, y no vale replicar.

—¿Y qué efecto te hizo la noticia? Malo, ¿eh?

—Detestable.... porque yo tenía la tontuna de estar enamorada hasta los tuétanos, como se enamora una chiquilla, pero chiquilla forrada de mujer..., de «uno» de Infantería, un teniente pobre como las ratas.... y se me había metido en la cabeza que aquel había de ser mi marido apenas saliese a capitán. Las súplicas de mi padre; los consejos de las amigas; las órdenes y hasta los pescozones de mi madrastra, que no me dejaba respirar, me aturdieron de tal manera, que no me atreví a resistir. Y vengan regalos, y desclávense cajones de vestidos enviados de Madrid, y cuélguese usted los faralaes blancos, y préndase el embelequito de la corona de azahar, y a la iglesia, y ahí te suelto la bendición, y enseguida gran comilona, los amigos de la familia y la parentela del novio que brindan y me ponen la cabeza como un bombo, a mí, que más ganas tenía de lloriquear que de probar bocado...

—Hija, por ahora no encuentro mucho de particular en tu historia. Casarse así, rabiando y por máquina, es bastante frecuente.

—Aguarda, aguarda —advirtió amenzándome con la mano—. Ahora entra lo ridículo, la peripecia... Pues, señor, yo en mi vida había probado el tal champagne... Me sirvieron la primera copa para que contestase a los brindis, y después de vaciarla, me pareció que me sentía con más ánimo, que se me aliviaba el malestar y la negra tristeza. Bebí la segunda, y el buen efecto aumentó. La alegría se me derramaba por el cuerpo... Entonces me deslicé a tomar tres, cuatro, cinco, quizá media docena...

Los convidados bromeaban celebrando la gracia de que bebiese así, y yo bebía buscando en la especie de vértigo que causa el champagne un olvido completo de lo que había de suceder y de lo que me estaba sucediendo ya.

Sin embargo, me contuve antes de llegar a transtornarme por completo, y solo podían notar en la mesa que reía muy alto, que me relucían los ojos y que estaba sofocadísima.

Nos esperaba un coche, a mi marido y a mí, coche que nos había de llevar a una casa de campo de él, a pasar la primera semana después de la boda. Chiquillo, no sé si fue el movimiento del coche o si fue el aire libre, o buenamente que estaba yo como una uva, pero lo cierto es que apenas me vi sola con el tal señor y él pretendió hacerme garatusas cariñosas, se me desató la lengua, se me arrebató la sangre, y le solté de pe a pa lo del teniente, y que solo al teniente quería, y teniente va y teniente viene, y dale con que si me han casado contra mi gusto, y toma con que ya me desquitaría y le mataría a palos... Barbaridades, cosas que inspira el vino a los que no acostumbran... Y mi esposo, más pálido que un muerto, mandó que volviese atrás el coche, y en el acto me devolvió a mi casa. Es decir, esto me lo dijeron luego, porque yo, de puro borrachita, ¿sabes?..., de nada me enteré.

—¿Y nunca más te quiso recibir tu marido?

—Nunca más. Parece que le espeté atrocidades tremendas. Ya ves: quien hablaba por mi boca era el maldito espumoso...

—¿Y... en tu casa? ¿Te admitieron contentos? —¡Quiá! Mi madrastra me insultaba horriblemente, y mi padre lloraba por los rincones... Preferí tomar la puerta, ¡qué caramba!

—¿Y... el teniente?

—¡Sí, busca teniente! Al saber mi boda se había echado otra novia, y se casó con ella poco después.

—¿Sabes que has tenido mala sombra?

—Mala por cierto... Pero creo que si todas las mujeres hablasen lo que piensan, como hice yo por culpa del champagne, más de cuatro y más de ocho se verían peor que esta individua.

—¿Y no te da tu marido alimento? La ley le obliga.

¡Bah! Eso ya me lo avisó un abogadito «que tuve»... ¡El diablo que se meta a pleitear! ¿Voy a pedirle que me mantenga a ese, después del desengaño que le costé? Anda, ponme más champaña... Ahora ya puedo beber lo que quiera. No se me escapará ningún secreto.

Sor Aparición

En el convento de las Clarisas de S•••, al través de la doble reja baja, vi a una monja postrada, adorando. Estaba de frente al altar mayor, pero tenía el rostro pegado al suelo, los brazos extendidos en cruz y guardaba inmovilidad absoluta. No parecía más viva que los yacentes bultos de una reina y una infanta, cuyos mausoleos de alabastro adornaban el coro. De pronto, la monja prosternada se incorporó, sin duda para respirar, y pude distinguir sus facciones. Se notaba que había debido de ser muy hermosa en sus juventudes, como se conoce que unos paredones derruidos fueron palacios espléndidos. Lo mismo podría contar la monja ochenta años que noventa. Su cara, de una amarillez sepulcral, su temblorosa cabeza, su boca consumida, sus cejas blancas, revelaban ese grado sumo de la senectud en que hasta es insensible el paso del tiempo.

Lo singular de aquella cara espectral, que ya pertenecía al otro mundo, eran los ojos. Desafiando a la edad, conservaban, por caso extraño, su fuego, su intenso negror, y una violenta expresión apasionada y dramática. La mirada de tales ojos no podía olvidarse nunca. Semejantes ojos volcánicos serían inexplicables en monja que hubiese ingresado en el claustro ofreciendo a Dios un corazón inocente; delataban un pasado borrascoso; despedían la luz siniestra de algún terrible recuerdo. Sentí ardiente curiosidad, sin esperar que la suerte me deparase a alguien conocedor del secreto de la religiosa.

Sirvióme la casualidad a medida del deseo. La misma noche, en la mesa redonda de la posada, trabé conversación con un caballero machucho, muy comunicativo y más que medianalmente perspicaz, de esos que gozan cuando enteran a un forastero. Halagado por mi interés, me abrió de par en par el archivo de su feliz memoria. Apenas nombré el convento de las Claras e indiqué la especial impresión que me causaba el mirar de la monja, mi guía exclamó:

—¡Ah! ¡Sor Aparición! Ya lo creo, ya lo creo... Tiene un «no sé qué» en los ojos... Lleva escrita allí su historia. Donde usted la ve, los dos surcos de las mejillas que de cerca parecen canales, se los han abierto las lágrimas. ¡Llorar más de cuarenta años! Ya corre agua salada en tantos días... El caso es que el agua no le ha apagado las brasas de la mirada... ¡Pobre sor Aparición! Le puedo descubrir a usted el quid de su vida mejor que nadie, porque mi padre la conoció moza y hasta creo que le hizo unas miajas el amor... ¡Es que era una deidad!

Sor Aparición se llamó en el siglo Irene. Sus padres eran gente hidalga, ricachos de pueblo; tuvieron varios retoños, pero los perdieron, y concentraron en Irene el cariño y el mimo de hija única. El pueblo donde nació se llama A•••. Y el Destino, que con las sábanas de la cuna empieza a tejer la cuerda que ha de ahorcarnos, hizo que en ese mismo pueblo viese la luz, algunos años antes que Irene, el famoso poeta...

Lancé una exclamación y pronuncié, adelantándome al narrador, el glorioso nombre del autor del Arcángel maldito, tal vez el más genuino representante de la fiebre romántica; nombre que lleva en sus sílabas un eco de arrogancia desdeñosa, de mofador desdén, de acerba ironía y de nostalgia desesperada y blasfemadora. Aquel nombre y el mirar de la religiosa se confundieron en mi imaginación, sin que todavía el uno me diese la clave del otro, pero anunciando ya, al aparecer unidos, un drama del corazón de esos que chorrean viva sangre.

—El mismo —repitió mi interlocutor—, el ilustre Juan de Camargo orgullo del pueblecito de A•••, que ni tiene aguas minerales, ni santo milagroso, ni catedral, ni lápidas romanas, ni nada notable que enseñar a los que lo visitan, pero repite, envanecido: «En esta casa de la plaza nació Camargo.»

—Vamos.Interrumpí, ya comprendo; sor Aparición.... digo, Irene, se enamoró de Camargo, él la desdeñó, y ella, para olvidar, entró en el claustro...

—¡Chis!— exclamó el narrador, sonriendo—. ¡Espere usted, espere usted, que si no fuese más...! De eso se ve todos los días; ni valdría la pena de contarlo. No; el caso de sor Aparición tiene miga. Paciencia, que ya llegaremos al fin.

De niña, Irene había visto mil veces a Juan Camargo, sin hablarle nunca, porque él era ya mozo y muy huraño y retraído: ni con los demás chicos del pueblo se juntaba. Al romper Irene su capullo, Camargo, huérfano, ya estudiaba leyes en Salamanca, y solo venía a casa de su tutor durante las vacaciones. Un verano, al entrar en A•••, el estudiante levantó por casualidad los ojos hacia la ventana de Irene y reparó en la muchacha, que fijaba en él los suyos.... unos ojos de date preso, dos soles negros, porque ya ve usted lo que son todavía ahora. Refrenó Camargo el caballejo de alquiler para recrearse en aquella soberana hermosura; Irene era un asombro de guapa. Pero la muchacha, encendida como una amapola, se quitó de la ventana, cerrándola de golpe. Aquella misma noche, Camargo, que ya empezaba a publicar versos en periodiquillos, escribió unos, preciosos, pintando el efecto que le había producido la vista de Irene en el momento de llegar a su pueblo... Y envolviendo en los versos una piedra, al anochecer la disparo contra la ventana de Irene. Rompióse el vidrio, y la muchacha «recogió el papel y leyó los versos, no una vez, ciento, mil; los bebió, se empapó en ellos. Sin embargo, aquellos versos, que no figuran en la colección de las poesías de Camargo, no eran declaraciones amorosas, sino algo raro, mezcla de queja e imprecación. El poeta se dolía de que la pureza y la hermosura de la niña de la ventana no se hubiesen hecho para él, que era un réprobo. Si él se acercase, marchitaría aquella azucena... Después del episodio de los versos, Camargo no dio señales de acordarse de que existía Irene en el mundo, y en octubre se dirigió a Madrid. Empezaba el período agitado de su vida, las aventuras políticas y la actividad literaria.

Desde que Camargo se marchó, Irene se puso triste, llegando a enfermar de pasión de ánimo. Sus padres intentaron distraerla; la llevaron algún tiempo a Badajoz, le hicieron conocer jóvenes, asistir a bailes; tuvo adoradores, oyó lisonjas...; pero no mejoró de humor ni de salud.

No podía pensar sino en Camargo, a quien era aplicable lo que dice Byron de Larra: que los que le veían no le veían en vano; que su recuerdo acudía siempre a la memoria; pues hombres tales lanzan un reto al desdén y al olvido. No creía la misma Irene hallarse enamorada, juzgábase solo víctima de un maleficio, emanado de aquellos versos tan sombríos, tan extraños. Lo cierto es que Irene tenía eso que ahora llaman obsesión, y a todas horas veía «aparecerse» a Camargo, pálido, serio, el rizado pelo sombreando la pensativa frente... Los padres de Irene, al observar que su hija se moría minada por un padecimiento misterioso, decidieron llevarla a la corte, donde hay grandes médicos para consultar y también grandes distracciones.

Cuando Irene llegó a Madrid, era célebre Camargo. Sus versos, fogosos, altaneros, de sentimiento fuerte y nervioso, hacían escuela; sus aventuras y genialidades se comentaban. Asociada con él una pandilla de perdidos, de bohemios desenfadados e ingeniosos, cada noche inventaban nuevas diabluras, ya turbaban el sueño de los honrados vecinos, ya realizaban las orgiásticas proezas a que aluden ciertas poesías blasfemas y obscenas, que algunos críticos aseguran que no son de Camargo en realidad. Con las borracheras y el libertinaje alternaban las sesiones en las logias masónicas y en los comités; Camargo se preparaba ya la senda de la emigración. No estaba enterada de todo esto la provinciana y cándida familia de Irene; y como se encontrasen en la calle al poeta, le saludaron alegres, que al fin era «de allá».

Camargo, sorprendido otra vez de la hermosura de la joven, notando que al verle se teñían de púrpura las descoloridas mejillas de una niña tan preciosa, los acompañó, y prometió visitar a sus convecinos. Quedaron lisonjeados los pobres lugareños, y creció su satisfacción al notar que de allí a pocos días, habiendo cumplido Camargo su promesa, Irene revivía. Desconocedores de la crónica, les parecía Camargo un yerno posible, y consintieron que menudeasen las visitas.

Veo en su cara de usted que cree adivinar el desenlace... ¡No lo adivina! Irene, fascinada, trastornada, como si hubiese bebido zumo de hierbas, tardó, sin embargo, seis meses en acceder a una entrevista a solas, en la misma casa de Camargo. La honesta resistencia de la niña fue causa de que los perdidos amigotes del poeta se burlasen de él, y el orgullo, que es la raíz venenosa de ciertos romanticismos, como el de Byron y el de Camargo, inspiró a éste una apuesta, un desquite satánico, infernal. Pidió, rogó, se alejó, volvió, dio celos, fingió planes de suicidio, e hizo tanto, que Irene, atropellando por todo, consintió en acudir a la peligrosa cita. Gracias a un milagro de valor y de decoro salió de ella pura y sin mancha, y Camargo sufrió una chacota que le enloqueció de despecho.

A la segunda cita se agotaron las fuerzas de Irene; se oscureció su razón y fue vencida. Y cuando confusa y trémula, yacía, cerrando los párpados, en brazos del infame, éste exhaló una estrepitosa carcajada, descorrió unas cortinas, e Irene vio que la devoraban los impuros ojos de ocho o diez hombres jóvenes, que también reían y palmoteaban irónicamente.

Irene se incorporó, dio un salto, y sin cubrirse, con el pelo suelto y los hombros desnudos, se lanzó a la escalera y a la calle. Llegó a su morada seguida de una turba de pilluelos que le arrojaban barro y piedras. Jamás consintió decir de dónde venía ni qué le había sucedido. Mi padre lo averiguó porque casualmente era amigo de uno de los de la apuesta de Camargo. Irene sufrió una fiebre de septenarios en que estuvo desahuciada; así que convaleció, entró en este convento, lo más lejos posible de A•••. Su penitencia ha espantado a las monjas: ayunos increíbles, mezclar el pan con ceniza, pasarse tres días sin beber; las noches de invierno, descalza y de rodillas, en oración; disciplinarse, llevar una argolla al cuello, una corona de espinas bajo la toca, un rallo a la cintura...

Lo que más edificó a sus compañeras que la tienen por santa fue el continuo llorar. Cuentan —pero serán consejas— que una vez llenó de llanto la escudilla del agua. ¡Y quién le dice a usted que de repente se le quedan los ojos secos, sin una lágrima, y brillando de ese modo que ha notado usted! Esto aconteció más de veinte años hace; las gentes piadosas creen que fue la señal del perdón de Dios. No obstante, sor Aparición, sin duda, no se cree perdonada, porque, hecha una momia, sigue ayunando y postrándose y usando el cilico de cerda...

—Es que hará penitencia por dos —respondí, admirada de que en este punto fallase la penetración de mi cronista—. ¿Piensa usted que sor Aparición no se acuerda del alma infeliz de Camargo?

El Imparcial, 14 septiembre 1896.

¿Justicia?

Sin ser filósofo ni sabio, con solo la viveza del natural discurso, Pablo Roldán había llegado a formarse en muchas cuestiones un criterio extraño e independiente; no digo que superior, porque no pienso que lo sea, pero al menos distinto del de la generalidad de los mortales. En todo tiempo habían existido estas divergencias entre el modo de pensar colectivo y el de algunos individuos innovadores o retrógrados con exceso, pues tanto nos separamos de nuestra época por adelantarnos como por rezagarnos.

Uno de los problemas que Pablo Roldán consideraba de modo original y hasta chocante, era el de la infidelidad de la esposa. Es de advertir que Pablo Roldán estaba casado, y con dama tan principal, moza, hermosa y elegante, que se llevaba los ojos y quizá el corazón de cuantos la veían. Un tesoro así debiera hacer vigilante a su guardador; pero Pablo Roldán, no solo alardeaba de confianza ciega, rayana en descuido, sino que declaraba que la vigilancia le parecía inútil, porque, no juzgándose «propietario» de su bella mitad, no se creía en el caso de guardarla como se guarda una viña, un huerto o una caja de valores. «Una mujer —decía, sonriendo, Pablo— se diferencia de una fruta y de un rollo de billetes de Banco en que tiene conciencia y lengua. A nadie se le ha ocurrido hacer responsable a la pavía si un ratero la hurta y se la come. La mujer es capaz y responsable, y vean cómo realmente, pareciendo tan bonachón, soy más rígido que ustedes, los celosos extremeños. La mujer es responsable, culpable..., entendámonos: cuando engaña. Claro que la mía, moralmente, no conseguirá nunca engañarme, porque yo sería la flor de los imbéciles si, al acercarme a ella, no comprendiese la impresión que le produzco, si me ama, o le soy indiferente, o no me puede sufrir. Del estado de su alma no necesitará mi esposa darme cuenta: yo adivinaré... ¡No faltaría más! Y al adivinar, tan cierto como que me llamo Pablo Roldán y me tengo por hombre de honor—, consideraré roto el lazo que la sujeta a mí, y no haré al Creador de las almas la ofensa de violentar un alma esencialmente igual a la mía... Desde el día en que no me quiera, mi mujer será «interiormente» libre como el aire. Sin embargo (pues el nudo legal es indisoluble y la equivocación mutua), le advertiré que queda obligada a salvar las apariencias, a tener muy en cuenta la exterioridad, a no hacerme blanco de la burla; y yo, por mi parte, me creeré en el deber de seguir amparandola, de escudarla contra el menosprecio. ¡Bah! Amigo mío, esto es hablar por hablar; Felicia parece que aún no me ha perdido el cariño... Son teorías, y ya sabe usted que, llegado el caso práctico, raro es el hombre que las aplica rigurosamente.»

No platicaba así Roldán sino con los pocos que tenía por verdaderos amigos y hombres de corazón y de entendimiento; con los demás, creía él que no se debían conferir puntos tan delicados. Al parecer, el sistema amplio y generoso de Pablo daba resultados excelentes: el matrimonio vivía unido, respetado, contento. No obstante, yo, que lo observaba sin cesar, atraído por aquel experimento curioso, empecé a notar, transcurridos algunos años —poco después de que la mujer de Pablo entró en el período de esplendor de la belleza femenina, los treinta—, ciertos síntomas que me inquietaron un poco. Pablo andaba a veces triste y meditabundo; tenía días de murria, momentos de distracción y ausencia, aunque se rehacía luego y volvía a su acostumbrada ecuanimidad. En cambio, su mujer demostraba una alegría y animación exageradas y febriles, y se entregaba más que nunca al mundo y a las fiestas. Seguían yendo siempre juntos; las buenas costumbres conyugales no se habían alterado en lo más mínimo; pero yo, que tampoco soy la flor de los imbéciles, no podía dudar que existía en aquella pareja, antes venturosa, algún desajuste, alguna grieta oculta, algo que alteraba su contextura íntima. Para la gente, el matrimonio Roldán se mantenía inalterable; para mí el matrimonio Roldán se había disuelto.

Por aquel entonces se anunció la boda de cierta opulenta señorita, y los padres convidaron a sus relaciones a examinar las «vistas» y ricos regalos que formaban la canastilla de la novia. Encontrábame entretenido en admirar un largo hilo de perlas, obsequio del novio, cuando vi entrar a Pablo Roldán y a su mujer. Acercáronse a la mesa cargada de preseas magníficas, y la gente, agolpada, les abrió paso difícilmente. La señora de Roldán se extasió con el hilo de perlas: ¡qué iguales!, ¡qué gruesas!, ¡qué oriente tan nacarado y tan puro! Mientras expresaba su admiración hacia la joya, noté... —¿quién explicaría por qué me fijaba ansiosamente en los movimientos de la mujer de Pablo?—, noté, digo, que se deslizaba hacia ella, como para compartir su admiración, Dámaso Vargas Padilla, mozo más conocido por calaveradas y despilfarros que por obras de caridad, y hube de ver que sobre el color avellana del guante de Suecia de la dama relucía un objetito blanco, inmediatamente trasladado a los dominios de un guante rojizo del Tirol... Y sentí el mismo estremecimiento que si de cosa propia se tratase, al cerciorarme de que Pablo Roldán, demudado y con el rostro color de muerto, había visto como yo, y sorprendido, como yo, el paso del billete de mandos de su mujer a manos de Vargas.

Temí que se arrojase sobre los que así le escarnecían en público. No se arrojó; no dio la más leve muestra de cólera o pesadumbre, al contrario, siguió curioseando y alabando las galas bonitas, revolviendo y mezclando los objetos colocados más cerca, deteniéndose y obligando a su mujer a que se detuviese y reparase el mérito de cada uno. Tan despacio procedió a este examen, que la gente fue retirándose poco a poco, y ya no quedamos en el gabinete sino media docena de personas. Y cuando me disponía a cruzar la puerta, en una ojeada que lancé al descuido, volví a ver algo que me hizo el efecto de la espantable cabeza de Medusa, paralizándome de horror, dejándome sin voz, sin discurso, sin aliento... Pablo Roldán había deslizado rápidamente en el bolsillo de su chaleco el hilo de perlas, y salía tranquilo, alta la frente bromeando con su esposa, elogiando un cuadro en el cual logró concentrar toda la atención de los circunstantes.

Desde el día siguiente empezó a murmurarse sobre el tema del robo: primero, en voz baja; después, con escandalosa publicidad. Hubo periódicos que lo insinuaron: el «tole tole» fue horrible. Las muchas personas distinguidas que habían admirado las galas de la novia clamaban al Cielo y mostraban, naturalmente, deseo furioso de que se descubriese al ladrón. Se calumnió a varios inocentes, y el rencor buscó medios de herir, devolviendo la flecha. Todos respiraron, por fin, al saber que el juez —avisado por una delación anónima— acababa de registrar la casa de Pablo, encontrando el hilo de perlas en un armario del tocador de la señora de Roldán.

Solo yo comprendía la tremenda venganza. Solo yo logré penetrar el siniestro enigma, sin clave para la propia señora, que no anda lejos de expiar con años de presidio el delito que no cometió. Y un día que encontré a Pablo y le abrí mi alma y le confesé mis perplejidades, mis dudas respecto a si debía o no revelar la verdad, puesto que la conocía, Pablo me respondió, con lágrimas de rabia al borde de los lagrimales:

—No intervengas. ¡Paso a la justicia, paso!... Dejó de amarme, y no me creí con derecho ni a la queja; quiso a otro, y únicamente le rogué que no me entregase a la risa del mundo... ¡Ya sabes cómo atendió a mi ruego... ya lo sabes! Antes que consiguiese ridiculizarme, la infamé. ¡Los medios fueron malos, pero... se lo tenía advertido! Si tú eres de los que creen que la venganza pertenece a Dios, apártate de mí, porque no nos entendemos. Amor, odio, y venganza.... ¿dónde habrá nada más humano?

Me desvié de Pablo Roldán y no quiero volver a verle. No sé juzgarle; tan pronto le compadezco como me inspira horror.

El Imparcial, 23 abril 1894.

Más allá

Era un balneario elegante, pero no de esos en que la gente rica, antojadiza y maniática, cuida imaginarias dolencias, sino de los que reciben todos los años, desde principios de junio, retahílas de verdaderos enfermos pálidos y débiles, y donde, a la hora de la consulta, se ven a la puerta del consultorio gestos ansiosos, enrojecidos párpados y señoras de pelo gris, que dan el brazo y sostienen a señoritas demacradas, de trabajoso andar. Para decirlo pronto: aquellas aguas convenían a los tísicos.

Pared por medio estaban los dos. «Ella», la niña apasionada y romántica, la interesante enfermita que, indiferente a la muerte como aniquilamiento del ser físico, no la aceptaba como abdicación de la gracia y la belleza; que a su paso por los salones, cuando los cruzaba con porte airoso de ninfa joven, solía levantar un rumor halagüeño, un murmuro pérfido de mar que acaricia y devora; y defendiendo hasta el último instante su corona de encantos, que iba a marchitarse en el sepulcro, se rodeaba de flores y perfumes, sonreía dulcemente, envolvía su cuerpo enflaquecido en finos crespones de China y delicados encajes, y calzaba su pie menudo de blanco tafilete, con igual coquetería que si fuese a dirigir alegre y raudo cotillón. «Él», el mozo galán, que había derrochado sus fuerzas vitales con prodigalidad regia, despreciando las advertencias de la tierna e inquieta madre y la indicación hereditaria de los dos tíos maternos, arrebatados en lo mejor de la edad, hasta que un día sintió a su vez el golpe sordo que le hería el pecho y le disolvía lentamente el pulmón, avivando, en vez de extinguirlo, el incendio que siempre había consumido su alma.

Pared por medio estaban los dos sin conocerse ni saber que existían, y, sin embargo, el mal que los llevaba a la tumba tenía idéntico origen; el mismo anhelo insaciable había atacado en ellos las fuentes de la vida. Ella y él, fascinados por el propio sueño, hicieron de la pasión el único ideal de la existencia y aspiraron a un amor grande, profundamente estético, ardiente y resuelto como si fuese criminal; noble y altivo como si fuese legítimo; puro a fuerza de intensidad, abrasador a fuerza de pureza. Y como quien busca ave fénix o talismán poderoso, habían buscado ambos la encantada isla de sus ensueños: ella, entre los sosos incidentes del diario flirt; él entre los episodios no menos vulgares de la calvatronería orgiástica; hasta que una serie de decepciones tristes, cómicas o indignas, les arruinó la salud, dejando intacto el tesoro de ilusiones y aspiraciones nunca satisfechas, la sed de amar inextinta, más bien exacerbada por la calentura y la alta tensión nerviosa, fruto del padecimiento.

¡Quién les dijera que allí, detrás del tabique en cuyo papel de caprichosos dibujos hallaban maquinal entretenimiento los aburridos ojos, se encontraba lo que habían buscado en balde tanto tiempo, lo que necesitaban para asirse otra vez a la existencia!

Porque ya ni él ni ella podían salir del cuarto, ni bajar las escaleras, ni comer en el comedor. Postrados y exánimes, les traían el agua mineral en un vaso puesto boca abajo sobre un platillo; últimamente, hasta no se atrevieron a beber, y el médico, presintiendo fatal desenlace, advirtió que convendría atender al alma, señal casi siempre funestísima para el pobre del cuerpo.

El y ella se prepararon a recibir a Jesucristo con todo el agasajo que tal visita merece. No hubo fuerzas humanas que les impidiesen vestirse y engalanarse como para un sarao. Ella se lavó con esencias fragantes y jabones exquisitos, hizo peinar esmeradamente la negra mata de pelo, se puso traje de blanco gro, y con sonriente coquetería prendió en la mantilla sus agujas de turquesa; él atusó la bien recortada barba, eligió la camisa más bruñida y tersa, el chaleco de mejor caída, y de frac y corbata blanca esperó a su Dios. Y él y ella, al sentir en los labios la sagrada partícula, gozaron un momento de emoción deliciosa; les pareció que la efusión esperada en vano, el supremo arrobamiento del éxtasis vendría después de despojada la vestidura carnal, cuando el alma, libre y dichosa, volase al seno de su Criador...

Así fue que tuvieron unas últimas horas edificantes, ejemplares, de un ardor místico sublime que hacía derramar lágrimas a los que rodeaban el lecho. Sus palabras de esperanza sonaban conmovedoras y misteriosas, dichas desde el borde de la huesa. Hablaban del Cielo, y diríase que al nombrarlo lo veían ya; de tal suerte se iluminaban sus ojos y resplandecía en sus rostros la beatitud y la fe que transfigura.

A la misma hora fallecieron, y sus espíritus se encontraron en el camino del otro mundo, antes de tomar rumbos distintos, pues él se encaminaba al Purgatorio en forma de llama rojiza, y ella al Cielo, convertida en ligero fueguecillo azul. Entonces se vieron por primera vez, y, sorprendidos, detuviéronse a contemplarse. Como a aquellas alturas todo se adivinaba, inmediatamente adivinaron de qué habían muerto y la semejanza de sus destinos durante la vida terrenal. Y así como comprendieron claramente que los dos habían muerto de plétora de pasión no satisfecha ni entendida, advirtieron también con asombro que él era el alma nacida para ella, y ella el corazón capaz de encerrar aquel amor infinito de que él se sentía minado y consumido, como el árbol que todo se derrite en gomas. Y lo mismo fue advertirlo que juntarse impetuosamente los dos espíritus, mezclándose la llama rojiza con el fueguecillo azul, tan estrechamente, que se hicieron una luz sola.

Y sucedió que, unidos ya, él no pudo entrar en el Purgatorio por la parte que llevaba de Cielo, y ella tampoco pudo ingresar en el Cielo por la parte que llevaba de Purgatorio. Él, generoso, le propuso que se apartasen, yéndose ella a disfrutar la dichas del Empíreo; mas ella prefirió seguir unida a él, aun a costa de la eterna bienandanza; y desde entonces la luz anda errante, y los dos espíritus no hallan otro nido para sus amores póstumos sino la extremidad del palo de algún buque, donde los marinos los confunden con el fuego de Santelmo.

El Imparcial, 21 agosto 1893.

La culpable

Elisa fue una mujer desgraciadísima durante toda su vida conyugal, y murió joven aún, minada por las penas. Es verdad que había cometido una falta muy grave, tan grave que para ella no hay perdón: escaparse con su marido antes de que éste lo fuese y pasar en su compañía veinticuatro horas de tren... Después sucedió lo de costumbre: la recogió la autoridad, la depositaron en un convento, y a los quince días se casó, sin que sus padres asistiesen a la boda; actitud muy digna, en opinión de las personas sensatas.

Ellos no se habían opuesto de frente a las relaciones de Elisa con Adolfo; mas como quiera que no les agradaba pizca el aspirante, y creían conocerle y presentían su condición moral, suscitaron mil dificultades menudas y consiguieron dar largas al asunto y entretenerlos por espacio de cinco años. Consintieron, eso sí, que Adolfo entrase en casa, porque tenía poco de seductor y era hasta antipático, y esperaron que Elisa perdiese toda ilusión al verle de cerca. Sucedió lo contrario; en los interminables coloquios junto a la chimenea, en el diario tortoleo, el amante corazón de Elisa se dejó cautivar para siempre, y Adolfo aseguró la presa de la acaudalada muchacha. Después de meditadas y estratégicas maniobras por parte del novio, llegó el instante de la fuga, preliminar del casamiento.

La familia de Elisa tomó muy a pecho el escándalo, por lo mismo que eran gente conocida, bien relacionada, preciada y correcta, intransigente en cuestiones de moralidad exterior. Hubo en la casa uno de esos períodos de disgusto, cerrados, serios, hondos, en que hasta los criados andan mohínos; períodos que a las personas entradas en edad les cavan una cuarta de sepultura. Las dos hermanas de la fugitiva se avergonzaron y corrieron de suerte que en muchos meses no se atrevieron a salir a la calle. Una, en especial, se afectó tanto, que fue preciso sacarla de Madrid para que no se alterase su salud. La madre jamás pronunció el nombre de Elisa sin suspirar, como cuando se nombra a los que fallecieron. El padre extremó el procedimiento: cerróse a la banda y no nombró a Elisa ya nunca. Si le preguntaban cuántas hijas tenía, contestaba que dos. «La otra la perdí», añadía, crispando los labios.

Unida ya Elisa con el que había elegido se propuso ser intachable y perfecta en todo para rescatar la falta. No hubo esposa más tierna y solícita que Elisa, ni casa mejor gobernada que la suya, ni señora que con mayor abnegación prescindiese de sí propia y se eclipsase más modestamente en la sombra del hogar. Como al fin tenía pocos años y a veces la sangre hervía en sus venas con ímpetu juvenil, cuando veía a otras casadas adornarse, cubrirse de joyas, ir a bailes y fiestas y sonreír al espejo, y ella se quedaba recluida y en bata casera, decía para sí: «Bueno pero esas no se escaparon con su marido antes de la boda.» Y aunque supiese que se escapaban después…, o cosa análoga…, con otros, siempre persistía en tenerlas por de mejor condición.

Hasta tal punto se consideró obligada a prestar fianza de su conducta, que nunca salió sola ni consintió recibir una visita estando ausente su marido. A los hombres, fuesen jóvenes o viejos, les hablaba fría y desabridamente, cortando enseguida la conversación. Su traje era oscuro, subido hasta las orejas, y su peinado, estudiadamente sencillo y sin coquetería. Aficionada a las esencias y aguas de tocador, las suprimió por completo desde que oyó decir que «la mujer de bien, ni ha de oler mal ni ha de oler bien». Ser tenida en concepto de mujer de bien fue su ambición y su sueño; pero desconfiaba de conseguirlo nunca por aquello de la escapatoria…

Pasada la corta Luna de miel, Adolfo comenzó a distraerse, y so color de política, se acostumbró a retirarse tarde, a pasarse los días fuera, sin venir ni a comer. Elisa lloró en silencio: lloró mucho, porque le quería, le quería con toda su alma, y no podía vivir dichosa sino con él y por él, a quien todo lo había sacrificado.

Un día, registrando el ropero de su marido para limpiar o arreglar la ropa, encontró traspapelada en un chaqué de verano una carta inequívoca… El dolor fue tan agudo, que Elisa se metió en la cama y estuvo varios días sin querer comer y con gran deseo de morirse. Así que cobró algún ánimo, se levantó y siguió viviendo. No profirió una queja: ¿con qué derecho? ¡Le podían tapar la boca a las primeras palabras! ¡Y si salía a relucir lo de la fuga!

Vinieron hijos, un niño y una niña; pero Elisa, que sufrió todo el peso de la crianza, no intervino en la educación, ni ejerció jamás esa autoridad de la madre digna y altiva que lleva la maternidad como una corona. Sus hijos se habituaron a que «no mandaba mamá».

En cuanto a la hacienda, ya se infiere que la regía única y exclusivamente Adolfo, y Elisa no se hubiese arrojado a gastar cincuenta pesetas en nada extraordinario sin la venia necesaria. Muerto el padre de Elisa recogida la legítima, todavía pingüe, aunque mermada por el enojo paternal, Adolfo se hizo cargo de todo y dedicó la mayor parte a sus goces, no sin que muchas veces oyese Elisa reconvenciones duras y alusiones amargas, fundadas en que su padre la había desheredado o punto menos.

La salud de Elisa se resistió: los médicos hablaron de lesiones al corazón, que degeneraban en hidropesía. Como la enferma se agravase, pidió confesor, y por centésima vez se acusó de su delito: la escapatoria fatal. El confesor le mandó que se acusase de pecados de la vida presente, porque Dios no acostumbra recontar los ya perdonados y absueltos. Mas la absolución del Cielo no bastaba a Elisa: ya se sabe que Dios es muy bueno; pero, en cambio, los hombres jamás olvidan ciertas cosas, y la mancha de vergüenza allí está, sobre la frente, hasta la última hora del vivir.

Con los ojos vidriados de lágrimas, Elisa pidió que viniese Adolfo, y así que le vio a su cabecera, echándose los brazos al cuello murmuró a su oído: «Alma mía, mi bien: ya sé que no tengo derecho ninguno a pedirte que... que no te vuelvas a casar..., ¡pero al menos.... mira, en esta hora solemne..., perdóname de veras aquello.... y no me olvides así..., tan pronto.... tan pronto.

Adolfo no contestó; no obstante, le pareció natural inclinarse y besarla... Y la culpable, dejando caer la cabeza sobre la almohada, expiró contenta.

El Liberal, 25 septiembre 1893.

La novia fiel

Fue sorpresa muy grande para todo Marineda el que se rompiesen la relaciones entre Germán Riaza y Amelia Sirvián. Ni la separación de un matrimonio
da margen a tantos comentarios. La gente se había acostumbrado a creer
que Germán y Amelia no podían menos de casarse. Nadie se explicó el
suceso, ni siquiera el mismo novio. Solo el confesor de Amelia tuvo la clave
del enigma.

Lo cierto es que aquellas relaciones contaban ya tan larga fecha, que casi
habían ascendido a institución. Diez años de noviazgo no son grano de anís.
Amelia era novia de Germán desde el primer baile a que asistió cuando la
pusieron de largo.

¡Que linda estaba en el tal baile! Vestida de blanco crespón, escotada
apenas lo suficiente para enseñar el arranque de los virginales hombros y
del seno, que latía de emoción y placer; empolvado el rubio pelo, donde se
marchitaban capullos de rosa. Amelia era, según se decía en algún grupo de
señoras ya machuchas, un «cromo», un «grabado» de La Ilustración. Germán
la sacó a bailar, y cuando estrechó aquel talle que se cimbreaba y sintió
la frescura de aquel hálito infantil perdió la chaveta, y en voz temblorosa,
trastornado, sin elegir frase, hizo una declaración sincerísima y recogió un sí
espontáneo, medio involuntario, doblemente delicioso. Se escribieron desde
el día siguiente, y vino esa época de ventaneo y seguimiento en la calle,
que es como la alborada de semejantes amoríos. Ni los padres de Amelia,
modestos propietarios, ni los de Germán, comerciantes de regular caudal,
pero de numerosa prole, se opusieron a la inclinación de los chicos, dando
por supuesto desde el primer instante que aquello pararía en justas nupcias
así que Germán acabase la carrera de Derecho y pudiese sostener la carga
de una familia.

Los seis primeros años fueron encantadores. Germán pasaba los inviernos
en Compostela, cursando en la Universidad y escribiendo largas y tiernas
epístolas; entre leerlas, releerlas, contestarlas y ansiar que llegasen las vacaciones, el tiempo se deslizaba insensible para Amelia. Las vacaciones eran
grato paréntesis, y todo el tiempo que durasen ya sabía Amelia que se lo
dedicaría íntegro su novio. Este no entraba aún en la casa, pero acompañaba
a Amelia en el paseo, y de noche se hablaban, a la luz de la Luna, por una

galería con vistas al mar. La ausencia, interrumpida por frecuentes regresos, era casi un aliciente, un encanto más, un interés continuo, algo que llenaba la existencia de Amelia sin dejar cabida a la tristeza ni al tedio.

Así que Germán tuvo en el bolsillo su título de licenciado en Derecho, resolvió pasar a Madrid a cursar las asignaturas del doctorado, ¡Año de prueba para la novia! Germán apenas escribía: billetes garrapateados al vuelo, quizá sobre la mesa de un café, concisos, insulsos, sin jugo de ternura. Y las amiguitas caritativas que veían a Amelia ojerosa, preocupada, alejada de las distracciones, le decían con perfida burlona:

—Anda, tonta; diviértete... ¡Sabe Dios lo que el estará haciendo por allá! ¡Bien inocente serías si creyeses que no te la pega!... A mí me escribe mi primo Lorenzo que vio a Germán muy animado en el teatro con «unas»...

El gozo de la vuelta de Germán compensó estos sinsabores. A los dos días ya no se acordaba Amelia de lo sufrido, de sus dudas, de sus sospechas. Autorizado para frecuentar la casa de su novia, Germán asistía todas las noches a la tertulia familiar, y en la penumbra del rincón del piano, lejos del quinqué velado por la sedosa pantalla, los novios sostenían interminable diálogo buscándose de tiempo en tiempo las manos para trocar una furtiva presión, y siempre los ojos para beberse la mirada hasta el fondo de las pupilas.

Nunca había sido tan feliz Amelia. ¿Qué podía desear? Germán estaba allí, y la boda era asunto concertado, resuelto, aplazado solo por la necesidad de que Germán encontrase una posicioncita, una base para establecerse: una fiscalía, por ejemplo. Como transcurriese un año más y la posición no se hubiese encontrado aún, decidió Germán abrir bufete y mezclarse en la politiquilla local, a ver si así iba adquiriendo favor y conseguía el ansiado puesto. Los nuevos quehaceres le obligaron a no ver a Amelia ni tanto tiempo ni tan a menudo. Cuando la muchacha se lamentaba de esto, Germán se vindicaba plenamente; había que pensar en el porvenir; ya sabía Amelia que un día u otro se casarían, y no debía fijarse en menudencias, en remilgos propios de los que empiezan a quererse. En efecto, Germán continuaba con el firme propósito de casarse así que se lo permitiesen las circunstancias.

Al noveno año de relaciones notaron los padres de Amelia (y acabó por notarlo todo el mundo) que el carácter de la muchacha parecía completamente variado. En vez de la sana alegría y la igualdad de humor que la adornaban, mostrábase llena de rarezas y caprichos, ya riendo a carcajadas, ya encerrada en hosco silencio. Su salud se alteró también; advertía desgana invencible, insomnios crueles que la obligaban a pasarse la noche levantada, porque decía que la cama, con el desvelo, le parecía su sepulcro; además, sufría aflicciones al corazón y ataques nerviosos. Cuando le preguntaban en qué consistía su mal, contestaba lacónicamente: «No lo sé» Y era cierto; pero al fin lo supo, y al saberlo le hizo mayor daño.

¿Qué mínimos indicios; qué insensibles, pero eslabonados, hechos; qué inexplicables revelaciones emanadas de cuanto nos rodea hacen que sin averiguar nada nuevo ni concreto, sin que nadie la entere con precisión impúdica, la ayer ignorante doncella entienda de pronto y se rasgue ante sus ojos el velo de Isis? Amelia, súbitamente, comprendió. Su mal no era sino deseo, ansia, prisa, necesidad de casarse. ¡Qué vergüenza, qué sonrojo, qué dolor y qué desilusión si Germán llegaba a sospecharlo siquiera! ¡Ah! Primero morir. ¡Disimular, disimular a toda costa, y que ni el novio, ni los padres, ni la tierra, lo supiesen!

Al ver a Germán tan pacífico, tan aplomado, tan armado de paciencia, engruesando, mientras ella se consumía; chancero, mientras ella empapaba la almohada en lágrimas. Amelia se acusaba a sí propia, admirando la serenidad, la cordura, la virtud de su novio. Y para contenerse y no echarse sollozando en sus brazos; para no cometer la locura indigna de salir una tarde sola e irse a casa de Germán, necesitó Amelia todo su valor, todo su recato, todo el freno de las nociones de honor y honestidad que le inculcaron desde la niñez.

Un día.... sin saber cómo, sin que ningún suceso extraordinario, ninguna conversación sorprendida la ilustrase, acabaron de rasgarse los últimos cendales del velo... Amelia veía la luz; en su alma relampagueaba la terrible noción de la realidad; y al acordarse de que poco antes admiraba la resignación de Germán y envidiaba su paciencia, y al explicarse ahora la verdadera causa de esa paciencia y esa resignación incomparables.... una carcajada sardónica dilató sus labios, mientras en su garganta creía sentir un nudo corredizo que se apretaba poco a poco y la estrangulaba. La convulsión fue horrible, larga, tenaz; y apenas Amelia, destrozada, pudo reaccionar, reponerse, hablar.... rogó a sus consternados padres que advirtiesen a Germán que las relaciones quedaban rotas. Cartas del novio, súplicas, paternales consejos, todo fue en vano. Amelia se aferró a su resolución, y en ella persistió, sin dar razones ni excusas.

—Hija, en mi entender, hizo usted muy mal —le decía el padre Incienso, viéndola bañada en lágrimas al pie del confesionario—. Un chico formal, laborioso, dispuesto a casarse, no se encuentra por ahí fácilmente. Hasta el aguardar a tener posición para fundar familia lo encuentro loable en él. En cuando a lo demás..., a esas figuraciones de usted... Los hombres.... por desgracia... Mientras está soltero habrá tenido esos entretenimientos... Pero usted...

—¡Padre —exclamó la joven—, créame usted, pues aquí hablo con Dios! ¡Le quería.... le quiero.... y por lo mismo.... por lo mismo, padre! ¡Si no le dejo.... le imito! ¡Yo también...!

El Liberal, 11 febrero 1894.

Afra

La primera vez que asistí al teatro de Marineda —cuando me destinaron con mi regimiento a la guarnición de esta bonita capital de provincia recuerdo que asesté los gemelos a la triple hilera de palcos para enterarme bien del mujerío y las esperanzas que en él podía cifrar un muchacho de veinticinco años no cabales.

Gozan las marinedinas fama de hermosas, y vi que no usurpaba. Observé también que su belleza consiste, principalmente, en el color. Blancas (por obra de Naturaleza, no del perfumista), de bermejos labios, de floridas mejillas y mórbidas carnes, las marinedinas me parecieron una guirnalda de rosas tendida sobre un barandal de terciopelo oscuro. De pronto, en el cristal de los anteojos que yo paseaba lentamente por la susodicha guirnalda, se encuadró un rostro que me fijó los gemelos en la dirección que entonces tenían. Y no es que aquel rostro sobrepujase en hermosura a los demás, sino que se diferenciaba de todos por la expresión y el carácter.

En vez de una fresca encarnadura y un plácido y picaresco gesto vi un rostro descolorido, de líneas enérgicas, de ojos verdes, coronados por cejas negrísimas, casi juntas, que les prestaban una severidad singular; de nariz delicada y bien diseñada, pero de alas movibles, reveladoras de la pasión vehemente; una cara de corte severo, casi viril, que coronaba un casco de trenzas de un negro de tinta; pesada cabellera que debía de absorber los jugos vitales y causar daño a su poseedora... Aquella fisonomía, sin dejar de atraer, alarmaba, pues era de las que dicen a las claras desde el primer momento a quien las contempla: «Soy una voluntad. Puedo torcerme, pero no quebrantarme. Debajo del elegante maniquí femenino escondo el acerado resorte de un alma.»

He dicho que mis gemelos se detuvieron, posándose ávidamente en la señorita pálida del pelo abundoso. Aprovechando los movimientos que hacía para conversar con unas señoras que la acompañaban, detallé su perfil, su acentuada barbilla, su cuello delgado y largo, que parecía doblarse al peso del voluminoso rodete; su oreja menuda y apretada, como para no perder sonido. Cuando hube permanecido así un buen rato, llamando sin duda la atención por mi insistencia en considerar a aquella mujer, sentí que me daban un golpecito en el hombro, y oí que me decía mi compañero de armas, Alberto Castro:

—¡Cuidadito!

—Cuidadito, ¿por qué? —respondí, bajando los anteojos.

—Porque te veo en peligro de enamorarte de Afra Reyes, y si está de Dios que ha de suceder, al menos no será sin que yo te avise y te entere de su historia. Es un servicio que los hijos de Marineda, debemos a los forasteros.

—Pero ¿tiene historia? —murmuré, haciendo un movimiento de repugnancia; porque aun sin amar a una mujer, me gusta su pureza, como agrada el aseo de casas donde no pensamos vivir nunca.

—En el sentido que se suele dar a la palabra historia, Afra no la tiene... Al contrario, es de las muchachas más formales y menos coquetas que se encuentran por ahí. Nadie se puede alabar de que Afra le devuelva una miradita, o le diga una palabra de esas que dan ánimos. Y si no, haz la prueba: dedícate a ella; mírala más; ni siquiera se dignará volver la cabeza. Te aseguro que he visto a muchos que anduvieron locos y no pudieron conseguir ni una ojeada de Afra Reyes.

—Pues entonces... ¿que? ¿Tiene algo... en secreto? ¿Algo que manche su honra?

—Su honra o, si se quiere, su pureza..., repito que ni tiene ni tuvo. Afra en cuanto a eso..., como el cristal. Lo que hay te lo diré.... pero no aquí; cuando se acabe el teatro saldremos juntos, y allá por el Espolón, donde nadie se entere... Porque se trata de cosas graves.... de mayor cuantía.

Esperé con la menor impaciencia posible a que terminasen de cantar La bruja, y así que cayó el telón. Alberto y yo nos dirigimos de bracero hacia los muelles. La soledad era completa, a pesar de que la noche tibia convidaba a pasear y la Luna plateaba las aguas de la bahía, tranquila a la sazón como una balsa de aceite y misteriosamente blanca a lo lejos.

—No creas —dijo Alberto— que te he traído aquí solo para que no me oyese nadie contarte la historia de Afra. También es que me pareció bonito referirla en el mismo escenario del drama que esta historia encierra. ¿Ves este mar tan apacible, tan dormido, que produce ese rumor blando y sedoso contra la pared del malecón? ¡Pues solo este mar... y Dios, que lo ha hecho, pueden alabarse de conocer la verdad entera respecto a la mujer que te ha llamado la atención en el teatro! Los demás la juzgamos por meras conjeturas.... ¡y tal vez calumniamos al conjeturar! Pero hay tan fatales coincidencias, hay apariencias tan acusadoras en el mundo.... que no podría disiparla sino la voz del mismo Dios, que ve los corazones y sabe distinguir al inocente del culpado.

Afra Reyes es hija de un acaudalado comerciante; se educó algún tiempo en un colegio inglés; pero su padre tuvo quiebras y por disminuir gastos recogió a la chica, interrumpiendo su educación. Con todo, el barniz de Inglaterra se le conocía: traía ciertos gustos de independencia y mucha afición a los ejercicios corporales. Cuando llegó la época de los baños no se habló en el pueblo sino de su destreza y vigor para nadar: una cosa sorprendente.

Afra era amiga íntima, inseparable, de otra señorita de aquí; Flora Castillo; la intimidad de las dos muchachas continuaba la de sus familias. Se pasaban el día juntas; no salía la una si no la acompañaba la otra; vestían igual y se enseñaban, riendo, las cartas amorosas que les escribían. No tenían novio, ni siquiera demostraban predilección por nadie. Vino del Departamento cierto marino muy simpático, de hermosa presencia, primo de Flora, y empezó a decirse que el marino hacía la corte a Afra, y que Afra le correspondía con entusiasmo. Y lo notamos todos: los ojos de Afra no se apartaban del galán, y al hablarle, la emoción profunda se conocía hasta en el anhelo de la respiración y en lo velado de la voz. Cuando a los pocos meses se supo que el consabido marino realmente venía a casarse con Flora, se armó un caramillo de murmuraciones y chismes y se presumió que las dos amigas reñirían para siempre. No fue así: aunque desmejorada y triste, Afra parecía resignada, y acompañaba a Flora de tienda en tienda a escoger ropas y galas para la boda. Esto sucedía en agosto.

En septiembre, poco antes de la fecha señalada para el enlace, las dos amigas fueron, como de costumbre, a bañarse juntas allí.... ¿no ves?, en la playita de San Wintila, donde suele haber mar brava. Generalmente las acompañaba el novio, pero aquél día sin duda tenía que hacer, pues no las acompañó.

Amagaba tormenta; la mar estaba picadísima; las gaviotas chillaban lúgubremente, y la criada que custodiaba las ropas y ayudaba a vestirse a las señoritas refirió después que Flora, la rubia y tímida Flora, sintió miedo al ver el aspecto amenazador de las grandes olas verdes que rompían contra el arenal. Pero Afra, intrépida, ceñido ya su traje marinero, de sarga azul oscura, animó con chanzas a su amiga. Metiéronse mar adentro cogidas de la mano, y pronto se las vio nadar, agarradas también, envueltas en la espuma del oleaje.

Poco más de un cuarto de hora después salió a la playa Afra sola, desgreñada, ronca, lívida, gritando, pidiendo socorro, sollozando que a Flora la había arrastrado el mar...

Y tan de verdad la había arrastrado, que de la linda rubia solo reapareció al otro día un cadáver desfigurado, herido en la frente... El relato que de la desgracia hizo Afra entre gemidos y desmayos fue que Flora, rendida de nadar y sin fuerzas gritó: «¡Me ahogo!»; que ella, Afra, al oírlo, se lanzó a sostenerla y salvarla; que Flora, al forcejear para no irse a fondo se llevaba a Afra al abismo; pero que, aun así, hubiesen logrado quizá salir a tierra si la fatalidad no las empuja hacia un transatlántico fondeado en la bahía desde por la mañana. Al chocar con la quilla, Flora se hizo la herida horrible y Afra recibió también los arañazos y magulladuras que se notaban en sus manos y rostro...

¿Que si creo en Afra...?

Solo añadiré que al marino, novio de Flora, no volvió a vérsele por aquí; y Afra desde entonces, no ha sonreído nunca...

Por lo demás, acuerdate de lo que dice la Sabiduría: «El corazón del hombre.... selva oscura. ¡Figúrate el de la mujer!»

El Imparcial, 5 marzo 1894.

Cuento soñado

Había una princesa a quién su padre, un rey muy fosco, caviloso y cejijunto, obligaba a vivir reclusa en sombría fortaleza, sin permitirle salir del más alto torreón, a cuyo pie vigilaban noche y día centinelas armados de punta en blanco, dispuestos a ensartar en sus lanzones o traspasar con sus venablos agudos a quien osase aproximarse. La princesa era muy linda; tenía la tez color de luz de Luna, el pelo de hebras de oro, los ojos como las ondas del mar sereno, y su silueta prolongada y grácil recordaba la de los lirios blancos cuando la frescura del agua los inhiesta.

En la comarca no se hablaba sino de la princesa cautiva y de su rara beldad, y de lo muchísimo que se aburría entre las cuatro recias paredes de la torre, sin ver desde la ventana alma viviente, más que a los guardias inmóviles, semejantes a estatuas de hierro.

Los campesinos se santiguaban de terror si casualmente tenían que cruzar ante la torre, aunque fuese a muy respetuosa distancia. En la centenaria selva que rodeaba la fortaleza, ni los cazadores se resolvían a internarse, temerosos de ser cazados. Silencio y soledad alrededor de la torre, silencio y soledad dentro de ella: tal era la suerte de la pobre doncellita, condenada a la eterna contemplación del cielo y del bosque, y del río caudaloso que serpenteaba lamiendo los muros del recinto.

De pechos sobre el avance del angosto ventanil, la princesa solía entregarse a vagos ensueños, aspirando a venturas que no conocía, de las cuales formaba idea por referencia de sus damas y por conversaciones entreoídas, sorprendidas —pues estaba vedado tratar delante de la princesa del mundo y sus goces— Así y todo, reuniendo datos dispersos y concordándolos con ayuda de la fantasía, la secuestrada suponía fiestas magníficas, iluminaciones mágicas suspendidas entre el follaje de arbustos cuajados de flor y que exhalaban embriagadores aromas; oía los acordes de los instrumentos músicos, aladas melodías que volaban como cisnes sobre la superficie de los lagos y veía las parejas que, cogidas de la cintura, luciendo sedas, encajes y joyas, danzaban con incasable ardor, deslizando los galanes palabras de miel al oído de las damiselas, rojas de pudor y felicidad, sueltos los rizos y anhelante el seno.

Mientras la princesa se representaba estos cuadros, las nubes se teñían de carmín hacia el Poniente, un murmullo grave y hondo ascendía del río y del bosque, y la cautiva, oprimida de afán de libertad, murmuraba para sí:«¿Cómo será el amor?»

Allá donde la montaña escueta dominaba el río y el bosque, una cabañita muy miserable, de techo de bálago, servía de vivienda a cierto pastorcillo, que por costumbre bajaba a apacentar diez o doce ovejas blancas en la misma linde de la selva. Más resuelto que los otros villanos, el mozalbete no recelaba aproximarse al castillo y deslizarse por entre la maleza con agilidad y disimulo, para mirar hacia la torre. Después de encontrar un senderito borrado casi, que moría en el cauce del río, logró el pastor descubrir también que al final del sendero abríase una boca de cueva, y metiéndose por ella intrépidamente pudo cerciorarse de que pasando bajo el río, la cueva tenía otra salida que conducía al interior del recinto fortificado. El descubrimiento hizo latir el corazón del pastorcillo, porque estaba enamorado de la princesa (aunque no la había visto nunca). Supuso que aprovechando el paso por la cueva lograría verla a su sabor, sin que se lo estorbasen los armados, los cuales, bien ajenos a que nadie pudiera introducirse en el recinto, casi al pie de la torre, no vigilaban sino la orilla opuesta del río. Es cierto que entre la torre de la cautiva y el pastor se interponían extensos patios, anchos fosos y recios baluartes; con todo eso, el muchacho se creía feliz: estaba dentro de la fortaleza y pronto vería a su amada.

Poco tardó en conseguir tanta ventura. La princesa se asomó, y el pastorcillo quedó deslumbrado por aquella tez color de Luna y aquél pelo de siderales hebras. No sabía cómo expresar su admiración y enviar un saludo a la damisela encantadora; se le ocurrió cantar, tocar su camarillo.... pero le oirían; juntar y lanzar un ramillete de acianos, margaritas y amapolas.... pero era inaccesible el alto y calado ventanil. Entonces tuvo una idea extraordinaria. Procuróse un pedazo de cristal, y así que pudo volver a deslizarse en el recinto por la cueva, enfocó el cristal de suerte que, recogiendo en él un rayo de Sol, supo dirigirlo hacia la princesa. Esta, maravillada, cerró los ojos, y al volver a abrirlos para ver quién enviaba un rayo de Sol a su camarín, divisó al pastorcillo, que la contemplaba estático. La cautiva sonrió, el enamorado comprendió que aceptaba su obsequio..., y desde entonces, todos los días, a la misma hora, el centelleo del arco iris despedido por un pedazo de vidrio alegró la soledad de la princesita y le cantó un amoroso himno que se confundía con la voz profunda de la selva allá en lontananza...

De pronto, sobrevino un cambio radical en la vida de la princesa. Murieron en una batalla su padre y su hermano, y recayó en ella la sucesión del trono. Brillante comitiva de señores, guerreros, obispos, pajes y damas vino a buscarla solemnemente y a escoltarla hasta la capital de sus estados. Y la que pocos días antes solo conversaba con los pájaros, y solo esperaba el rayo de Sol del pastorcito, se halló aclamada por millares de voces, aturdida por el bullicio de espléndidos festejos, y admiró las iluminaciones entre el follaje, y oyó las músicas ocultas en el jardín, y giró con las parejas que danzaban, y supo lo que es la gloria, la riqueza, el placer, la pasión delirante y la alegría loca...

Habíanse pasado muchos, muchos años, cuando la princesa reina ya y casi vieja ya, tuvo el capricho de visitar aquella torre donde su padre, por precaución y por tiránica desconfianza, la mantuvo emparedada durante los momentos más bellos de la juventud. Al entrar en el camarín, una nostalgia dolorosa, una especie de romántica melancolía se apoderó de la reina y la obligó a reclinarse en el ajimez, sintiendo preñados de lágrimas los ojos. La tarde caía, inflamando el horizonte; el bosque exhalaba su melodioso y hondo susurro..., y la reina, tapándose la cara con las manos, sentía que las gotas de llanto escurrían pausadamente a través de los dedos entreabiertos. ¿Lloraba acaso al recordar lo sufrido en el torreón; el largo cautiverio, el fastidio? ¡Mal conocéis el corazón de las mujeres los que a eso atribuís el llanto de tan alta señora!

Sabed que, desde el momento en que pisó la torre, la reina echaba de menos el rayo de Sol que todos los días, a la misma hora, le enviaba el pastorcillo enamorado por medio de un trozo de vidrio. Por aquél trozo de vidrio daría ahora la soberana los más ricos diamantes de su corona real. Solo aquel rayo podría iluminar su corazón fatigado, lastimado, quebrantado, marchito. Y al dejar escurrir las lágrimas, sin cuidarse de reprimirlas ni de secarlas con el blasonado pañuelo, lloraba la juventud, la ilusión, la misteriosa energía vital de los años primaverales... Nunca volvería el pastorcillo a enviarle el divino rayo.

El Imparcial, 16 abril 1894.

Los buenos tiempos

Siempre que entrábamos en el despacho del conde de Lobeira atraía mis miradas —antes que las armas auténticas, las lozas hispanomoriscas y los retazos de cuero estampado que recubrían la pared— un retrato de mujer, de muy buena mano, que por el traje indicaba tener, próximamente un siglo de fecha. «Es mi bisabuela doña Magdalena Varela de Tobar, duodécima condesa de Lobeira», había dicho el conde, respondiendo a mi curiosa interrogación, en el tono del que no quiere explicarse más o no saber otra cosa. Y por entonces hube de contentarme, acudiendo a mi fantasía para desenvolver las ideas inspiradas por el retrato.

Este representaba a una señora como de treinta y cinco años, de rostro prolongado y macilento, de líneas austeras, que indicaban la existencia sencilla y pura, consagrada al cumplimiento de nobles deberes y al trabajo doméstico, ley de la fuerte matrona de las edades pasadas. La modestia de vestir en tan encumbrada señora parecíame ejemplar; aquel corpiño justo de alepín negro, aquel pañolito blanco sujeto a la garganta por un escudo de los Dolores, aquel peinado liso y recogido detrás de la oreja, eran indicaciones inestimables para delinear la fisonomía moral de la aristocrática dama. No cabía duda: doña Magdalena había encarnado el tipo de la esposa leal, casta y sumisa, fiel guardadora del fuego de los lares; de la madre digna y venerada, ante quien sus hijos se inclinan como ante una reina; del ama de casa infatigable, vigilante y próvida, cuya presencia impone respeto y cuya mano derrama la abundancia y el bienestar. Así es que me sorprendió en extremo que un día, preguntándole al conde en qué época habían sido enajenadas las mejores fincas, los pingües estados de su casa, me contestase sobriamente, señalando el retrato consabido:

—En tiempo de doña Magdalena.

El dato inesperado acrecentó mi interés. A fuerza de fijarme en el retrato observé que aquella pintura ofrecía una particularidad rara y siempre sugestiva: en cualquier punto de la habitación que me colocase para mirarla me seguían los ojos de doña Magdalena con expresión imperiosa y ardiente. Casual acierto del pincel, o alarde de destreza del pintor, las pupilas del retrato estaban tocadas por tal arte, que pagaban con avidez y energía la mirada del que las contemplase desde lejos. Algunas veces, sin querer, levantaba yo la vista como si me atrajese tal singularidad y los ojos me llamasen. La severidad del fondo oscuro en que se destacaba la cabeza, la única nota clara del rostro y del pañolito, aumentaban la fuerza del extraño mirar.

Aunque el conde de Lobeira es de carácter reservado y frío, hay instantes en que el corazón más tapiado se abre y deja salir el opresor secreto. Uno de esos momento, siempre transitorio en ciertas organizaciones, llegó para el conde el día en que, incitada por mi imaginación, traidora cuanto fecunda, me arrojé a trazar la silueta de doña Magdalena, modelo de cristianas virtudes, emblema de otros tiempos y otras edades en que el hogar olía a incienso como el sagrario y la familia tenía la solida estructura del granito.

—¡Por Dios, no siga usted! —exclamó mi interlocutor, dejando de atizar la chimenea y volviéndose hacia el retrato como nos volvemos hacia un enemigo—. El terror más craso de cuantos pueden cometerse es juzgar del pasado por la impresión que nos causan sus reliquias. Cáscara vacía, huella de fósil en la piedra, ¿qué verdad ha de contarnos un retrato, un mueble o un edificio ruinoso? Los soñadores como usted son los que han falseado la historia, poetizado lo más prosaico y embellecido lo más horrible. En ninguna época fue la humanidad mejor de lo que es ahora; pero las iniquidades pasadas se olvidan y un lienzo embadurnado y lleno de grietas basta para que nos abrume el descontento de lo presente. Ya que también usted cae en esa vulgarísima y temible preocupación de que se nos han perdido grandes virtudes, merece usted que para desilusionarla le cuente la historia de doña Magdalena, tal como la he entresacado de nuestro archivo y de otros documentos.... ¡que obran en archivos judiciales!

Esa señora que está usted viendo, retratada con su jubón de alepín y su honesto pañolito, al casarse con mi bisabuelo, llevándole rica dote y el condado de Lobeira, se mostró apasionada hasta un grado increíble, despótico y furioso. Mi bisabuelo pasaba por el mozo más gallardo de toda la provincia, y doña Magdalena, por una señorita fanáticamente devota: se susurraba que usaba cilicio y que se disciplinaba todas las noches. Fuese o no verdad, lo que es a su marido cilicio le puso doña Magdalena, y hasta grillos, para que de ella no se apartase ni un minuto. Poco después de la boda, los que vieron al conde pálido, demacrado y abatido, esparcieron el rumor absurdo de que su esposa le daba hierbas y filtros para subyugarle y para que ardiese más viva la tea del amor conyugal.

Duró esta situación, sin que la modificase el nacimiento de varios hijos. No obstante a los diez o doce años, de matrimonio, observose que el conde, habiéndose aficionado a cazar y haciendo frecuentes excursiones por la montaña —pues pasaban largas temporadas en el campo, en el palacio solariego de Lobeira, según costumbre de los señores de entonces—, recobraba cierta alegría y parecía rejuvenecido.

Como yo no estoy graduando el interés de mi historia, sino que se la cuento a usted descarnada y sin galas —advirtió al llegar aquí el narrador—, diré inmediatamente lo que produjo la mejoría del conde. Fue que, algún tanto aplacada aquella pasión de vampiro de su mujer, pudo respirar y vivir como las demás personas. Usted objetará que todo el delito de doña Magdalena consistía en amar excesivamente a su esposo, y que eso merece disculpa y hasta alabanza. Si yo discutiese tan delicado punto, temería ofender sus oídos de usted con algún concepto malsonante. Indicaré que hay cien maneras de amar, y que el santo nombre de amor cubre a veces nuestros bárbaros egoísmos o nuestras morbosas aberraciones. Y basta, que al buen entendedor... Ya continúo.

Como a veces se guardan bien los secretos en las aldeas, doña Magdalena tardó bastante en entenderse de que su marido, al volver de la caza, solía descansar en la choza de cierto labriego que tenía una hija preciosa. En efecto, era así: el conde de Lobeira prefería a los suculentos manjares de su cocina señorial, la brona y la leche fresca servida por la gentil rapaza, que, con la inocencia en los ojos y la risa en los labios, acudía solícita a festejarle; doña Magdalena, ya informada, no pensó ni un minuto que allí existiese un puro idilio; vio desde el primer instante el mal y agravio. Y acaso acertase: no pretendo excusar a mi bisabuelo, aunque las crónicas afirman que era honesta y sencilla su afición a la hija del colono.

Lo histórico es que, en una noche de invierno muy oscura y muy larga, la puerta del pazo se abrió sin ruido para dejar entrar a un hombre robusto, recio, vestido con el clásico traje del país, que hoy está casi en desuso. La condesa le esperaba en el zaguán: tomóle de la mano, y por un pasadizo oscuro le llevó a una habitación interior, que alumbraba una vela de cera puesta en candelabro de maciza plata. Era el oratorio.

Detrás de las colgaduras de damasco carmesí que lo vestían, y que replegó la dama, el hombre vio abierto un boquete, a manera de cueva; un agujero sombrío. Repito lo de antes: no busco «efectos»; pero aunque los buscase, creo que ninguno tan terrible como decir sin más circunloquios que el hombre —un «casero» en las costumbres de entonces casi un siervo de la condesa —era el mismo padre de la zagala a quien el conde solía visitar; y que doña Magdalena, enseñándole el negro hueco, advirtió al labrador que allí ocultarían el cadáver del conde. Enseguida le entregó un hacha nueva, afilada y cortante.

¿Temió aquel hombre por la vida de su hija y por la suya propia? ¿Impulsole la cobardía o el respeto tradicional a la casa de Lobeira? ¿Fue la sugestión que ejerce sobre un cerebro inculto y una voluntad irresoluta y débil, la hembra resuelta de arrebatadas pasiones? ¿Fue codicia, tentación de onzas y de ricos joyeles que la esposa ultrajada le ofrecía en precio de la sangre? El caso es que si hubo resistencia por parte del labriego, duró bien poco. Según su declaración, hizo la señal de la cruz (¡atroz detalle!), descalzóse, empuñó el hacha y siguió a la condesa hasta el aposento en que el conde dormía. Y mientras la señora alumbraba con la vela de cera del oratorio, el labriego descargó un golpe, otro, diez; en la frente, la cara, el pecho... El dormido no chistó: parece que al primer hachazo abrió unos ojos muy espantados... y luego, nada. Sábanas, colchones, el hacha y el muerto, todo fue arrojado al escondrijo; la condesa lavó las manchas del suelo, cerró la trampa, y atestando de oro la faltriquera del asesino, le despachó con orden de cruzar el Miño y meterse en Portugal.

Un rumor vago al principio, y después muy insistente, se alzó con motivo de la desaparición del conde de Lobeira. Su esposa hablaba de viajes motivados por un pleito; y en el oratorio, bajo cuyo piso yacía mi bisabuelo asesinado, celebrábase diariamente el santo sacrificio de la misa, asistiendo a él doña Magdalena, lo mismo que la ve usted retratada ahí: pálida, grave, modesta, rodeada de sus hijos, que la besaban la mano cariñosa. En aquel tiempo no había prensa que escudriñase misterios, y la coincidencia de la desaparición del conde y la del casero y su hija, la linda moza, dio pie a que se sospechase que el esposo de doña Magdalena vivía muy a gusto en algún rincón de esos que saben buscar los enamorados. No faltó quien compadeciese a la abandonada señora, en torno de la cual el respeto ascendió, como asciende la marea. Al verla pasar, derecha, macilenta, siempre de negro, la gente se descubría.

Y así corrió un año entero.

Al cumplirse, día por día, a corta distancia del pazo de Lobeira apareció un hombre profundamente dormido; era el casero de la condesa; y los demás labriegos, que le rodeaban esperando a que despertase, quedaron atónitos cuando al volver en sí, a gritos confesó el crimen, a gritos se denunció y gritos pidió que le llevasen ante la Justicia. Hay fenómenos morales que no explica satisfactoriamente ningún raciocinio: la mitad de nuestra alma está sumergida en sombras, y nadie es capaz de presentir qué alimañas saldrían de esa caverna si nos empeñásemos en registrarla. El aldeano, cuando le preguntaron el móvil de su conducta, afirmó con rústicas razones que no lo sabía; que una gana irresistible —un «volunto», como dicen ahora— le obligó a salir de Portugal y a ver de nuevo el pazo, y que al avistarlo le acometió un sueño letárgico, invencible también, y ya despierto, un ímpetu de confesar, de decir la verdad, de ser castigado, porque, sin duda, calculo yo, su endeble alma no podía con el peso del secreto que impenetrable y tranquila, guardaba el alma varonil de doña Magdalena.

La prendieron, claro está, y aún se enseña en la cárcel marinedina el negro calabozo donde la condesa de Lobeira se pudrió muchos meses... El casero fue ahorcado; y para librar a mi bisabuela del patíbulo empeñóse la hacienda de mi casa. La justicia se comió con apetito tan sabrosa breva, y nuestra decadencia viene de ahí.

....

Alcé los ojos y busqué los del retrato. La mirada de doña Magdalena se me figuró más tenaz, más intensa, más dolorosa. El bisnieto callaba y suspiraba, como si le oprimiese el corazón el drama ancestral, como si percibiese la humedad de las lágrimas evaporadas hace un siglo.

El Imparcial, 22 enero 1894.

Sara y Agar

—Explíqueme usted —dije al señor de Bernárdez— una cosa que siempre me infundió curiosidad. ¿Por qué en su sala tiene usted, bajo marcos gemelos, los retratos de su difunta esposa y de un niño desconocido, que según usted asegura ni es hijo, ni sobrino, ni nada de ella? ¿De quién es otra fotografía de mujer, colocada enfrente, sobre el piano?... ¿No sabe usted?: una mujer joven, agraciada, con flecos de ricillos a la frente.

El septuagenario parpadeó, se detuvo y un matiz rosa cruzó por sus mustias mejillas. Como íbamos subiendo un repecho de la carretera, lo atribuí a cansancio, y le ofrecí el brazo, animándole a continuar el paseo, tan conveniente para su salud; como que, si no paseaba, solía acostarse sin cenar y dormir mal y poco. Hizo seña con la mano de que podía seguir la caminata, y anduvimos unos cien pasos más, en silencio. Al llegar al pie de la iglesia, un banco, tibio aún del Sol y bien situado para dominar el paisaje, nos tentó, y a un mismo tiempo nos dirigimos hacia él. Apenas hubo reposado y respirado un poco Bernárdez, se hizo cargo de mi pregunta.

—Me extraña que no sepa usted la historia de esos retratos; ¡en poblaciones como Goyán, cada quisque mete la nariz en la vida del vecino, y glosa lo que ocurre y lo que no ocurre, y lo que no averigua lo inventa!

Comprendí que al buen señor debían de haberle molestado mucho antaño las curiosidades y chismografías del lugar, y callé, haciendo un movimiento de aprobación con la cabeza. Dos minutos después pude convencerme de que, como casi todos los que han tenido alegrías y penas de cierta índole, Bernárdez disfrutaba puerilmente en referirlas; porque no son numerosas las almas altaneras que prefieren ser para sí propios a la par Cristo y Cirineo y echarse a cuestas su historia. He aquí la de Bernárdez, tal cual me la refirió mientras el Sol se ponía detrás del verde monte en que se asienta Goyán:

—Mi mujer y yo nos casamos muy jovencitos: dos nenes con la leche en los labios. Ella tenía quince años; yo, dieciocho. Una muchachada, quién lo duda. Lo que pasó con tanto madrugar fue que, queriéndonos y llevándonos como dos ángeles, de puro bien avenidos que estábamos, al entrar yo en los treinta y cinco mi mujer empezó a parecerme así... vamos, como mi hermana. Le profesaba una ternura sin límites; no hacía nada sin consultarla, no daba un paso que ella no me aconsejase no veía sino por sus ojos..., pero todo fraternal, todo muy tranquilo.

No teníamos sucesión, y no la echábamos de menos. Jamás hicimos rogativas ni oferta a ningún santo para que nos enviase tal dolor de cabeza. La casa marchaba lo mismo que un cronómetro: mi notaría prosperaba; tomaba incremento nuestra hacienda; adquiríamos tierras; gozábamos de mil comodidades; no cruzábamos una palabra más alta que otra, y veíamos juntos aproximarse la vejez sin desazón ni sobresalto, como el marino que se acerca al término de un viaje feliz, emprendido por iniciativa propia por gusto y por deber.

Cierto día, mi mujer me trajo la noticia de que había muerto la inquilina de una casucha de nuestra pertenencia. Era esta inquilina una pobretona, viuda de un guardia civil, y quedaba sola en el mundo la huérfana, criatura de cinco años.

—Podríamos recogerla, Hipólito— añadió Romana—. Parte el alma verla así. Le enseñaríamos a planchar, a coser, a guisar, y tendríamos cuando sea mayor una cianita fiel y humilde.

—Di que haríamos una obra de misericordia y que tú tienes el corazón de manteca.

Esto fue lo que respondí, bromeando. ¡Ay! ¡Si el hombre pudiese prever dónde salta su destino!

Recogimos, pues, la criatura, que se llama Mercedes, y así que la lavamos y la adecentamos, amaneció una divinidad, con un pelo ensortijado como virutas de oro y unos ojos que parecían dos violetas, y una gracia y una zalamería... Desde que la vimos.... ¡adiós planes de enseñarle a planchar y a poner el puchero! Empezamos a educarla del modo que se educan las señoritas.... según educaríamos a una hija, si la tuviésemos. Claro que en Goyán no la podíamos afinar mucho; pero se hizo todo lo que permite el rincón este. Y lo que es mimarla... ¡Señor! ¡En especial Romana.... un desastre! Figúrese usted que la pobre Romana, tan modesta para sí que jamás la vi encaprichada con un perifollo—. encargaba los trajes y los abriguitos de Mercedes a la mejor modista de Marineda. ¿Qué tal?

Cuando llegó la chiquilla a presumir de mujer, empezaron también a requebrarla y a rondarla los señoritos en los días de ferias y fiestas, y yo a rabiar cuando notaba que le hacían cocos. Ella se reía y me decía, siempre, mirándome mucho a la cara:

—Padrino —me llamaba así—, vamos a burlarnos de estos tontos; a usted le quiero más que a ninguno.

Me complacía tanto que me lo dijese (¡cosas del demonio!), que le reñía solo por oírla repetir:

—Le quiero más a usted...

Hasta que una vez, muy bajito, al oído:

—¡Le quiero más, y me gusta más.... y no me casaré nunca, padrino!

¡Por estas, que así habló la rapaza!

Se me trastornó el sentido. Hice mal, muy mal y, sin embargo, no sé, en mi pellejo lo que harían más de cien santones. En fin, repito que me puse como lunático, y sin intención, sin premeditar las consecuencias (porque repito que perdí la chaveta completamente), yo, que había vivido más de veinte años como hombre de bien y marido leal, lo eché a rodar todo en un día.... en un cuarto de hora...

Todo a rodar, no; porque tan cierto como Dios nos oye, yo seguía consagrando un cariño profundo, inalterable, a mi mujer, y si me proponen que la deje y me vaya con Mercedes por esos mundos —se lo confesé a Mercedes misma, no crea usted, y lloró a mares—, antes me aparto de cien Mercedes que de mi esposa. Después de tantos años de vida común, se me figuraba que Romana y yo habíamos nacido al mismo tiempo, y que reunidos y cogidos de las manos debíamos morir. Solo que Mercedes me sorbía el seso, y cuando la sentía acercarse a mí, la sangre me daba una sola vuelta de arriba abajo y se me abrasaba el paladar, y en los oídos me parecía que resonaba galope de caballos, un estrépito que me aturdía.

—¿Es de Mercedes el retrato que está sobre el piano?— pregunté al viejo.

—De Mercedes es. Pues verá usted: Romana se malició algo, y los chismosos intrigantes se encargaron de lo demás. Entonces, por evitar disgustos, conté una historia: dije que unos señores de Marineda, que iban a pasar larga temporada en Madrid, querían llevarse a Mercedes, y lo que hice fue amueblar en Marineda un piso, donde Mercedes se estableció decorosamente, con una cianita. Al pretexto de asuntos, yo veía a la muchacha una vez por semana lo menos. Así, la situación fue mejor... vamos, más tolerable que si estuviesen las dos bajo un mismo techo, y yo entre ellas.

Romana callaba —era muy prudente—, pero andaba inquieta, pensativa, alteada. Y decía yo: ¿Por dónde estallará la bomba? Y estalló... ¿Por dónde creerá usted?

Una tarde que volví de Marineda, mi mujer, sin darme tiempo a soltar la capa, se encerró conmigo en mi cuarto, y me dijo que no ignoraba el estado de Mercedes... (¡Ya supondrá usted cuál sería el estado de Mercedes!...), y que, pues había sufrido tanto y con tal paciencia, lo que naciese, para ella, para Romana, tenía que ser en toda propiedad.... como si lo hubiese parido Romana misma...

Me quedé tonto... Y el caso es que mi mujer se expresaba de tal manera, ¡con un tono y unas palabras!, y tenía además tanta razón y tal sobra de derecho para mandar y exigir, que apenas nació el niño y lo vi empañado, lo envolví en un chal de calceta que me dio Romana para ese fin, y en el coche de Marineda a Goyán hizo su primer viaje de este mundo.

—¿Ese niño es el que está retratado al lado de su esposa de usted, dentro de los marcos gemelos?

—¡Ajajá! Precisamente. ¡Mire usted: dificulto que ningún chiquillo, ni Alfonso XIII se haya visto mejor cuidado y más estimado! Romana, desde que se apoderó del pequeño, no hizo caso de mí, ni de nadie, sino de él. El niño dormía en su cuarto; ella le vestía, ella le desnudaba, ella le tenía en el regazo, ella le enseñaba a juntar las letras y ella le hacía rezar. Hasta formó resolución de testar en favor del niño... Solo que él falleció antes que Romana; como que al rapaz le dieron las viruelas el veinte de marzo y una semana después voló a la gloria... Y Romana.... el siete de abril fue cuando la desahució el médico, y la perdí a la madrugada siguiente.

—¿Se le pegaron las viruelas?— pregunté al señor de Bernárdez, que se aplicaba el pañuelo sin desdoblar a los ribeteados y mortecinos ojos.

—¡Naturalmente... Si no se apartó del niño!

—Y usted, ¿cómo no se casó con Mercedes?

—Porque malo soy, pero no tanto como eso —contestó en voz temblona, mientras una aguadilla que no se redondeó en lágrimas asomaba a sus áridos lagrimales.

El Imparcial, 29 enero 1894.

Maldición de gitana

Siempre que se trata, entre gente con pretensiones de instruida, de agorerías y supersticiones, no hay nadie que no se declare exento de miedos pueriles, y punto menos desenfadado que Don Juan frente a las estatuas de sus víctimas. No obstante, transcurridos los diez minutos consagrados a alardear de espíritu fuerte, cada cual sabe alguna historia rara, algún sucedido inexplicable, una «coincidencia». (Las coincidencias hacen el gasto).

La ocasión más frecuente de hacer esta observación de superticiones la ofrecen los convites. De los catorce o quince invitados se excusan uno o dos. Al sentarse a la mesa, alguien nota que son trece los comensales, y al punto decae la animación, óyense forzadas risas y chanzas poco sinceras y los amos de la casa se ven precisados a buscar, aunque sea en los infiernos, un número catorce. Conjurado ya el mal sino renace el contento. Las risitas de las señoras tienen un sonido franco. Se ve que los pulmones respiran a gusto. ¿Quién no ha asistido a un episodio de esta índole?

En el último que presencié pude observar que Gustavo Lizana, mozo asaz despreocupado, era el más carilargo al contar trece y el que más desfrunció el gesto cuando fuimos catorce. No hacía yo tan supersticioso a aquel infatigable cazador y sportsman, y extrañándome verle hasta demudado en los primeros momentos, a la hora del café le llevé hacia un ángulo del saloncillo japonés, y le interrogué directamente:

—Una coincidencia —respondió, como era de presumir.

Y al ver que yo sonreía, me ofreció con un ademán el sofá bordado, en cuyos cojines una bandada de grullas blancas con patitas rosa volaba sobre un cañaveral de oro, nacido en fantástica laguna. Se sentó él en una silla de bambú y, rápidamente, entrecortando la narración con agitados movimientos, me refirió su «coincidencia» del número fatídico.

—Mis dos amigos íntimos, los de corazón, eran los dos chicos de Mayoral, de una familia extremeña antigua y pudiente. Habíamos estado juntos en el colegio de los jesuitas, y cuando salimos al mundo, la amistad se estrechó. Llamábanse el mayor Leoncio y el otro Santiago, y habrá usted visto pocas figuras más hermosas, pocos muchachos más simpáticos y pocos hermanos que tan entrañablemente se quisiesen. Huérfanos de padre y madre, y dueños de su hacienda, no conocían tuyo ni mío: bolsa común, confianza entera y, a pesar de la diferencia de caracteres (Leoncio, nervioso y vehemente hasta lo sumo, y Santiago, de un genio igual y pacífico), inalterable armonía. A mí me llamaban, en broma, su otro hermano, y la gente, a fuerza de vernos unidos, había llegado a pensar que éramos, cuando menos, próximos parientes los Mayoral y yo.

Apasionados cazadores los tres, nos íbamos semanas enteras a las dehesas y cotos que los Mayoral poseían en la Mancha y Extremadura, donde hay de cuanta alimaña Dios crió, desde perdices y conejos hasta corzos, venados, jabalíes, ginetas y gatos monteses.

Con buen refuerzo de escopetas negras y una jauría de excelentes podencos, hacíamos cada ojeo y cada batida, que eran el asombro de la comarca. De estas excursiones resolvimos una, cierto día de San Leoncio. No cabe olvidar la fecha. Nos había convidado juntos una tía de los de Mayoral, señora discretísima y madre de una muchacha encantadora, por quien Santiago bebía los vientos. Sutilizando mucho, creo que esta pasión de Santiago tuvo su parte de culpa en la desgracia que sucedió. Ya diré por qué.

Ello es que nos reunimos en la casa donde, con motivo de la fiesta, había otros varios convidados: amiguitas de la niña, señores formales, íntimos de la mamá... Y yo, que jamás contaba entonces los comensales, al pasar al comedor, involuntariamente, me fijo en los platos... ¡Eramos trece, trece justos!

Ni se me ocurrió chistar. Por otra parte, no sentía aprensión. Estaríamos a la mitad de la comida, cuando lo advirtió el ama de la casa, y dijo riéndose «¡Hola! ¡Pues con el resfriado de Julia, que la impidió venir, nos hemos quedado en la docena del fraile! No asustarse, señores, que aquí nadie ha cumplido los sesenta más que yo, y en todo caso seré la escogida.»

¿Qué habíamos de hacer? Lo echamos a broma también, y brindamos alegremente porque se desmintiese el augurio. Y había allí un señor que, presumiendo de gracioso, dijo con sorna: «Es muy malo comer trece..., cuando solo hay comida para doce.»

A la madrugada siguiente tomamos el tren y salimos hacia el cazadero. La expedición se presentaba magnífica. La temperatura era, como de mediados de septiembre, templada y deliciosa. Cada tarde, los zurrones volvían atestados de piezas, y, para mayor satisfacción, nos habían anunciado que andaban reses por el monte, y que el primer ojeo nos prometía rico botín. Decidimos que este ojeo principiase un miércoles por la mañana, y apenas despachadas las migas y el chocolate, salimos a cabalgar nuestros jacos, que nos esperaban a la puerta, entre el tropel de las escopetas negras y la gresca y alborozo de los perros. Como tengo tan presentes las menores circunstancias de aquel día, recuerdo que me extrañó mucho la furia con que los animales ladraban, y al asomarme fuera vi, apoyada en uno de los postes del emparrado que sombreaba la puerta, a una gitana atezada, escuálida, andrajosa.

Podría tener sus veinte años, y si la suciedad, la descalcez y las greñas no la afeasen, no carecería de cierto salvaje atractivo, porque los ojos brillaban en su faz cetrina como negros diamantes, los dientes eran piñones mondados, y el talle, un junco airoso. Los pingajos de su falda apenas cubrían sus desnudos y delgados tobillos, y al cuello tenía una sarta de vidrio, mezclada con no sé qué amuletos.

Dije que sus ojos brillaban, y era cierto. Brillaban de un modo raro, que no supe definir. Los tenía clavados en Santiago, que, lo repito, era un muchacho arrogante, rubio y blanco, y en aquel instante, subido al poyo de montar y con un pie en el estribo, con su sombrero de alas anchas, su bizarro capote hecho de una manta zamorana, de vuelto cuello de terciopelo verde, y sus altos zahones de caza, que marcaban la derechura de la pierna, aún parecía más apuesto y gallardo.

Y a Santiago fue a quien dirigió sus letanías la egipcia, soltándole esos requiebros raros que gastan ellas, y ofreciéndose a decirle la buenaventura. En aquel, momento, Santiago, de seguro, pensaba en el dulce rostro de su novia, y el contraste con el de la gitana debió de causarle una impresión de repugnancia hacia ésta; porque era galante con todas las mujeres y, sin embargo, soltó una frase dura y hasta cruel, una frase fatal...; yo así lo creo...

—¿Qué buenaventura vas a darme tú? —exclamó Santiago—. ¡Para ti la quisieras! ¡Si tuvieses ventura, no serías tan fea y tan negra, chiquilla!

La gitana no se inmutó en apariencia, pero yo noté en sus ojos algo que parecía la sombra de un abismo, y fijándolos de nuevo en Santiago, que estaba a caballo ya, articuló despacio, con indiferencia atroz y en voz ronca:

—¿No quieres buenaventuras, jermoso? Pues toma mardisiones... Premita Dios.... premita Dios.... ¡que vayas montao y vuelvas tendío!

Yo no sé con qué tono pudo decirlo la malvada, que nos quedamos de hielo. Leoncio, en especial, como adoraba en su hermano, se demudó un poco y avanzó hacia la gitana en actitud amenazadora. Los perros, que conocen tan perfectamente las intenciones de sus amos, se abalanzaron ladrando con furia. Uno de ellos hincó los dientes en la pierna desnuda de la mujer, que dio un chillido. Esto bastó para que Leoncio y yo, y todos, incluso Santiago, nos distrajésemos de la maldición y pensásemos únicamente en salvar a la bruja moza, en riesgo inminente de ser destrozada por la jauría. Contenidos los perros, cuando volvimos la cabeza la gitana ya no parecía por allí. Sin duda se había puesto en cobro, aunque nadie supo por dónde.

Al llegar aquí de su narración Gustavo, me hirió de súbito un recuerdo:

—Espere, espere usted... —murmuré recapacitando—. Creo que conozco el final de la historia... Cuando usted nombró a los Mayoral empezó a trabajar mi cabeza... El nombre «me sonaba»... Tengo idea de que conozco a los dos hermanos, y ya voy reconstruyendo su figura... Leoncio, vivo, moreno, delgado; Santiago, rubio y algo más grueso... ¿Fue en esa cacería donde...?

—Donde Leoncio, creyendo disparar a un corzo, mató a Santiago de un balazo en la cabeza —respondió lentamente Gustavo, cruzando las manos con involuntaria angustia—. Santiago «volvió tendido»... Perdí a la vez mis dos amigos, porque el matador, si no enloqueció de repente, como pasa en las novelas y en las comedias, quedó en un estado de perturbación y de alelamiento que fue creciendo cada día. Y quizá por olvidar cortos instantes la horrible escena, se entregó, él que era tan formalillo que hasta le embromábamos, a mil excesos, acabando así de idiotizarse. Después de saber esta «coincidencia», ¿extrañará usted que me agrade poco sentarme a una mesa de trece? Por más que quiero dominarme, se me conoce el miedo... ¡El miedo, sí: hay que llamar a las cosas por su nombre!

—¿Y volvió a parecer la gitana? —pregunté con curiosidad.

—¡La gitana! ¡Quién sabe adónde vuelan esas cornejas agoreras! —exclamó Gustavo sombríamente—. Los de esa casta no tienen poso ni paradero... Como dice Cervantes, a su ligereza no la impiden grillos, ni la detienen barrancos, ni la contrastan paredes... Cuando velábamos al pobre Santiago, y tratábamos de impedir que se suicidase el desesperado Leoncio, ya la bruja debía de estar entre breñas, camino de Huelva o de Portugal.

El Liberal, 5 septiembre 1897.

«La bicha»

—¿Han leído ustedes a Selgas? —preguntó la discreta viuda, cerrando su abanico antiguo de vernis Martín, una de esas joyas que para todo sirven, excepto para abanicarse—. ¿Han leído a Selgas?

Los que formábamos peñita en la estufa, huyendo de los sofocados y atestados salones, movimos la cabeza. ¿Selgas? Un autor a quien, como suele decirse, «le ha pasado el Sol por la puerta»... Nombre casi borrado ya...

—Pues era ingenioso —declaró la vuidita—, y a mí me divertía muchísimo... En no sé que libro suyo —las citas exactas, allá para sabihondos— sienta una teoría sustanciosa, no crean ustedes. A propósito del sistema parlamentario, que le fastidiaba mucho, dice que mientras nadie se queja de lo que no escoge, todo el mundo rabia con lo que escogió; que rara vez nos mostramos descontentos de nuestros padres ni de nuestros hijos, pero que de los cónyuges y de los criados siempre hay algo malo que contar. ¿Verdad que es gracioso? Solo que en ese capítulo de la elección conyugal le faltó distinguir... Se le olvidó decir que solo los hombres eligen, mientras las mujeres toman lo que se presenta... Y el caso es que la elección conyugal confirma la teoría de Selgas: los hombres, que escogen amplia y libremente, son los que escogen peor.

Esta afirmación de la viuda armó un barullo de humorísticas protestas entre el elemento masculino en la peñita.

—No hay que amontonarse —exclamó la señora intrépidamente—. Los hombres que aciertan, aciertan como «el consabido» de la fábula...: por casualidad. Y, si no..., a la prueba. Todos los jueves que nos reunamos aquí, en este rincón, a la sombra de estos pandanos tan colosales, cerca de esta fuente tan bonita con la luz eléctrica, me ofrezco a contarles a ustedes una historia de elección conyugal masculina..., que les parecerá increíble. Empezaremos ahora mismo... Ahí va la de hoy.

Cuando perdí a mi marido tuve que vivir varios años en una capital de provincia, desenredando asuntos de mucho interés para mí y para mis hijos. Ya saben ustedes que no soy huraña y, pasado el luto, aproveché las contadas ocasiones de ver gente que se ofrecían allí. Había una sociedad de recreo que daba en Carnaval dos o tres bailes de máscaras, y me gustaba ir a sentarme en un palco acompañada de varias amigas y amigos de los que solían hacerme tertulia, y divertirme en remirar los disfraces caprichosos, la animación y las bromas que se corrían abajo, en el hervidero de la sala. Eran bailes en que se mezclaban el señorío y la mesocracia con bastantes familias artesanas, sin que se conociesen mucho las diferencias entre estas clases sociales, porque las artesanas de M••• se visten, peinan y prenden con gusto, son guapas y tienen aire fino. La Junta directiva solo excluía rigurosamente a las mujeres notoriamente indignas; y figúrense ustedes el espanto de la concurrencia cuando, la noche del lunes de Carnaval, empezó a esparcirse la voz de que estaba en el baile enmascarada y del brazo de un socio, la célebre Natalia, por otro nombre la Bicha (la Culebra); le daban este apodo por su fama de mala y engañadora o, según otros, porque tenía la cabeza pequeñita, la tez morena aceitunada y el pelo casi azulado de puro negro; señas de cuya exactitud pudimos cercionarnos todos, como verán ustedes.

Al saberse la noticia, justamente se hallaba en mi palco el presidente de la Sociedad, señor viudo, acaudalado y respetable, padre de una niña preciosa que yo me llevaba a casa por las tardes a jugar con la chiquilla mía. Sobrecogido y turbado, el presidente se agitaba en el asiento, haciendo coraje, como suele decirse, para bajar a cumplir su deber de expulsar a la intrusa. Comprenderán ustedes que no existe deber más penoso: ir a darle en público un bofetón a una mujer.... ¡sea cual sea! Todos seguíamos con los ojos a la máscara sospechosa, y la indignación fermentaba. Abandonada desde el primer runrún por el socio que la introdujo, y que se dio prisa a desaparecer; asaltada por unos cuantos mozalbetes, que la asaeteaban con insolentes pullas y dicharachos; aislada a la vez en un espacio libre —porque todas las demás mujeres se apartaban—, la Culebra, apretando contra el rostro su antifaz, recogiendo los pliegues de su manto de «beata», como para ocultarse, permanecía apoyada en una columna de las que sostienen los palcos, en actitud de fiera a quien acosan. Por fin, el presidente se decidió y, tomando precipitadamente el sombrero, salió al pasillo; pronto le vimos aparecer en el salón y dirigirse a donde estaba la Culebra. A las frases secas y rápidas, cual latigazos, del presidente, los mozalbetes se desviaron, dejando sola a la mujer, y ésta, con un movimiento de soberbia que remedaba la dignidad, revolviéndose bajo el ultraje, se arrancó de súbito la careta de raso negro, echó atrás el manto y, descubierta la cabeza, erguido el cuello, rechispeantes los ojos, miró, retó, fulminó al presidente, primero; después, circularmente, a todo el concurso; a las señoras, a las señoritas, que volvían la cara, ruvorizándose; a los hombres, que cuchicheaban y se reían... Y despacio, sin bajar la frente, pasó por entre la multitud apiñada, que se estremecía a su contacto, y todavía desde la puerta, volviéndose, disparó el venablo de sus pupilas (¡qué mirada aquella, Dios mío!) al presidente, que accionaba entre un círculo de individuos de la Directiva y de señores que le felicitaban por su acción... Minutos después, muy exaltado, volvía al palco el buen señor, y al acompañarme, a la salida, todavía hablaba del descoco de la pájara, refiriéndonos, con el recato posible, su vida y milagros, capaces, ciertamente, de poner colorada a una estatua de piedra.

A la vuelta de cinco meses, cuando a las frioleras diversiones del Carnaval reemplazan los idílicos goces de las jiras y de las campestres romerías, empezó a susurrarse en M••• que el presidente de la Sociedad Centro de Amigos, el honrado y formal don Mariano Subleiras, con sus cincuenta del pico, su viudez y su niña encantadora, pasaba a segundas nupcias... ¿Ya han adivinado ustedes con quién?... ¡Con la propia Natalia, la Bicha, la prójima echada del baile! Al oírlo, sepan ustedes que no lo puse en duda ni un momento. Dirán ustedes que soy pesimista... Digan lo que quieran. ¡El caso es que yo enseguida creí firmemente que era gran verdad eso que a todos les parecía el colmo de lo absurdo! «Pero ¿no se acuerda usted? —me objetaban—. Pero ¡si fue él mismo quien la puso de patitas...» «Pues por eso, cabalmente por eso», contestaba yo, dejándolos con la boca de un palmo. Al fin, tanto me calentaron la cabeza con la boda dichosa, que entre el deseo de complacer y la lástima que me infundía la pequeña, aquella rubita monísima, amenazada de madrastra semejante, me decidí a meterme donde no me llamaban y a hacer a don Mariano el siempre inoportuno regalo del buen consejo... Le llamé a capítulo, le prediqué un sermón que ni un padre capuchino; estuve elocuente, les aseguro que sí... Y me puse muy hueca cuando, al terminar mi plática, don Mariano, al parecer conmovido, murmuró, aplicando el pico del pañuelo a los ojos: «Prometo a usted que no me casaré con la Natalia...».

—¿Y al poco tiempo se casó? —interrogaron con malicia los de la peña.

—No señores... No se casó al poco tiempo... ¡Cuando me empeñaba una palabra inquebrantable..., estaba ya casado... secretamente!

Hubo en el grupo exclamaciones, risas, comentarios, y Ramiro Nozales, que la echaba de observador, pronunció con énfasis:

—¡Qué humano es eso!

—Lo que a mí me preocupó mucho entonces —prosiguió la señora fue averiguar cómo se las había compuesto la lagarta para hacer presa en don Mariano. Su móvil era patente: una venganza que eriza el pelo... Pero ¿de qué medios se había valido? Cuando fue expulsada del baile, don Mariano solo la conocía de vista y por su lamentable reputación... Excitada mi curiosidad, en que entraba tanto interés por la pobre niña, pude averiguar algo... ¡Algo que también va usted a decir que es «muy humano», amigo Nozales, porque conozco su escuela de usted!... Parece que la Bicha se presentó en casa de don Mariano días después de la expulsión, y bañada en lágrimas, y con hartos desmayos y suspiros, le pidió reparación del ultraje; reparación.... ¿cómo diré yo?, una reparación privada, una palabra benévola, una excusa, algo que la consolase, porque desde aquel episodio se sentía enferma, abatida y a punto de muerte... «De otra persona, mire usted, no me hubiese importado; pero de usted.... vamos, de usted.... un señor tan digno, un señor tan virtuoso...», dicen que silbaba la Culebra, empezando insensiblemente a enroscarse... De aquí al vasito de agua, al ofrecimiento de éter o vinagre, al abanicamiento con un periódico, a contar una larga historia, a ser escuchada y compadecida, visitada después, a enlazar con el primer anillo, a deslizarse, a abrazar ya con las roscas flexibles el pecho, la cabeza y el cuerpo todo.... el camino ni es largo ni difícil, y en cuatro meses y medio lo anduvo la Bicha.... hasta llegar a la iglesia. Al año siguiente, la noche del lunes de Carnaval, don Mariano y su señora ocupaban el palco fronterizo al mío... Fue la primera vez que aparecieron juntos en público. Después, ya nunca vimos solo a don Mariano; a ella, sí. Contaban que su mujer le mandaba de tal suerte, que al salir de casa, le dejaba encerrado...

—¿Y la niña? —preguntó Nozales con afán triste.

—¡Ah! —suspiró la señora—. ¡La niña.... me han escrito de allá que murió tísica!...

El Liberal, 22 agosto 1897.

Sangre del brazo

El lunes de Pascua de Resurrección, con un Sol esplendente y un aire tibio y perfumado, que provocaba impaciencias y fervorines primaverales en los retoños frescos de los árboles y en los senderos que deseaban florecer y donde a las últimas violetas descoloridas hacían competencia las primeras campánulas blancas y las margaritas de rosado cerco, unieron sus destinos en la capilla del restaurado castillo señorial la linda heredera de la noble casa y estados de Abencerraje y el apuesto y galán marquesito de Alcalá de los Hidalgos.

Todo sonreía en aquella boda, lo mismo la naturaleza que el porvenir de los desposados. Al cuadro de su juventud, del amor del novio, que revelaban mil finezas y extremos, y a la cándida belleza de la novia, servían de marco de oro y rosas la cuantiosa hacienda, la ilustre cuna, el respeto y cariño de la buena gente campesina y hasta la venturosa circunstancia de verse enlaza-das por ella, ante el Cielo y ante el mundo, las dos casas más ricas y nobles de la provincia, las que la representaban en la historia nacional.

A la puerta de la capilla aguardaban el coche familiar que había de con-ducir a los esposos a la estación del camino de hierro. Iban a emprender uno de esos viajes que son la realidad de un sueño divino: Italia y sus ciudades-museos; Suiza y sus lagos, trozos de la bóveda azul del firmamento caídos sobre la nieve; Alemania con sus ríos, en que las ondinas nadan al rayo de la Luna; después el Oriente, Grecia, Constantinopla y, por último, el invierno en París, entre los prestigios del lujo y la magia de refinadísima civilización; París con sus fiestas y sus elegancias exquisitas, sus nidos de coquetería y de molicie para la dicha renovada... La perspectiva de tantos días risueños y venturosos; más que todo la del amor puro, noble, legítimo, constante rego-cijo y secreta y dulce efusión del alma, hacía latir de gozo el corazón de la novia, de la rubia y tierna María de las Azucenas, cuando el coche arrancó al trote largo de los cuatro fogosos caballos que lo arrastraban, llevándosela a ella, al que ya era su dueño y a la doncella, Luisilla, aldeana viva y fiel, elegida y designada para acompañar y servir a María durante el viaje...

Por espacio de algunos meses fueron llegando al castillo faustas nuevas de los novios. Aun cuando la escondida aldea de Abencerraje distaba tanto de esas lejanas tierras por donde ellos paseaban la ufanía de su felicidad, por mil no sospechados conductos —cartas, sueltos de periódicos, referencias de otros viajeros, de cónsules, de amigos, de desconocidos quizá— en Abencerraje se sabía confusamente que el viaje era feliz, alegre, fecundo en incidentes gratos y que marido y mujer disfrutaban de salud y contento. Corrió así el verano, pasose el otoño y se averiguó que, cumpliendo estrictamente el programa, se encontraban ya en la capital de la República francesa los marqueses, divertidos, festejados, girando en el torbellino del placer. Hacia febrero o marzo se habló de que la recién casada sufría una grave enfermedad; pero casi se supo el mismo tiempo el mal y la mejoría. Y pocas semanas después, el lunes de Pascua de Resurrección, a la caída de una tarde admirable por lo serena, cuando las últimas violetas descoloridas exhalaban su delicado aroma y los árboles desabrochaban su flor de primavera, el país vio asombrado que el coche familiar regresaba de la estación con mucho repique de cascabeles, y las gentes que se asomaban curiosas a las puertas de las cabañas, no divisaron dentro del coche más que a María de las Azucenas, tan descolorida como las últimas violetas de los senderos, y a Luisilla, sentada a su lado, también desmejorada y amarillenta, sosteniendo en el hombro la fatigada cabeza de su señora; ambas mudas, ambas tristes, ambas con la huella del padecimiento en el rostro. Y ni aquel día, ni los siguientes, ni nunca más, asomó el marqués de Alcalá por el castillo de su mujer, ni por la comarca siquiera, y María y Luisilla vivieron solas, siempre juntas, más que como ama y criada, como hermanas amantísimas e inseparables.

Repicaron las lenguas y se fantasearon historias de ilícitas pasiones y desvaríos del marqués, tragedias horribles, duelos, conatos de envenenamiento y otras mil invenciones novelescas que prueban la ardorosa imaginación de los naturales de Abencerraje. La verdad no se supo hasta que corrieron algunos años, cuando el marqués de Alcalá comisionó a un sacerdote para lograr de su esposa que le perdonase y consintiese en vivir a su lado. Habiendo fracasado por completo la diplomacia del sacerdote, en los primeros momentos de contrariedad éste se espontaneó con el párroco de Abencerraje, éste con el boticario, éste con el médico, el notario, el alcalde.... y así llegó a conocer la comarca la siguiente aventura.

Después de un viaje idealmente hermoso, llegaron a París los enamorados esposos en busca de alguna quietud, pues la reclamaba el estado interesante de María, expuesta a percances en fondas y trenes. A pesar del cuidado y del método que observó la marquesa, hacia el sexto mes del embarazo cayó en cama, con síntomas de parto prematuro. Acaeció la temida desgracia, y fue lo peor que una hemorragia violenta puso en peligro inminente la vida de la señora. «Se desangra; se nos va», había dicho el médico, un español ilustre, después de ensayar los recursos de su ciencia, luchando denodadamente con la muerte, que se aproximaba silenciosa. Y entonces, el marido que veía a su esposa desfallecer en síncope mortal, blanca como la almohada donde apoyaba su frente de cera, preguntó al doctor:

—Pero ¿no hay algún medio de salvarla? ¿No hay alguno?

—Hay uno todavía —respondió el médico—. Si se encuentra una persona sana, robusta, joven y que quiera lo bastante a esta señora para dar su sangre de las venas de su brazo.... verificaremos la transfusión y verá usted a la enferma resucitar.

Al hablar así el doctor miraba afanosamente al marqués, clavándole en el rostro, y mejor aún en el espíritu, sus ojos interrogadores y desengañados de hombre que ha presenciado en este pícaro mundo muchas miserias; y al notar que el marqués no contestaba y se volvía tan pálido como si ya le estuviesen extrayendo de las venas la sangre que le pedía de limosna el amor, el médico se encogió de hombros, murmurando vagamente:

—Pero es difícil... muy difícil. Hay que renunciar a esa esperanza.

En aquel punto mismo se levantó una mujer que permanecía acurrucada a los pies del lecho de la moribunda, y, sencillamente, presentando su brazo izquierdo desnudo, blanco, grueso, surcado de venas azules, exclamó:

—Ahí tiene, señor...; ahí tiene... Sangre no me falta, y sana estoy como las propias manzanas en el árbol... Ahí tiene, y ojalá que la sangre de una pobre aldeana sirva para resucitar a la señora.

Ni un minuto tardó el doctor en aceptar la oferta de Luisilla. Aplicando la cánula, sangró copiosamente el recio brazo, pues se necesitaba mucha, mucha sangre, setecientos gramos, para reparar las pérdidas sufridas. La muchacha, sonriente, no pestañeaba, repitiendo a cada paso:

—Saque señor; tengo yo la mar de sangre buena que ofrecer a mi ama.

El marqués había huido de la habitación. Cuando la sutil jeringuilla empezó a inyectar el precioso licor en el cuerpo de la agonizante, y ésta a notar el calor delicioso que de las venas pasaba al corazón reanimándolo; cuando su rostro de mármol se coloreó y sus ojos se abrieron lentamente, lo primero que buscaron fue al amado, a la mitad de su ser, pues había comprendido al revivir que alguien le daba su sangre en compensación de la que había perdido, y creía que solo podía ser él, el esposo, el compañero, el adorado, el ídolo de su alma. Y al no encontrarle, al ver a Luisa, a quien vendaban y hacían beber café puro para reanimarla del desfallecimiento, la esposa comprendió y volvió a cerrar los ojos, como si aspirase al desmayo del cual solo se despierta en los brazos de la muerte...

Apenas pudo ponerse en camino, María partió sin más compañera que la aldeanita, cuya humilde sangre llevaba en las venas y a quien debía el existir. Todas las gestiones del marqués de Alcalá se estrellaron contra la invencible repugnancia o más bien el horror de su mujer. Demasiado altiva para buscar consuelo de aquel desengaño, vivió con Luisilla, haciendo caridades y llorando a solas muchas veces, sobre todo en Pascua de Resurrección, cuando la implacable naturaleza reflorecía.

El Imparcial, 2 marzo 1896.

Consuelo

Teodoro iba a casarse perdidamente enamorado. Su novia y él aprovechaban hasta los segundos para tortolear y apurar esa dulce comunicación que exalta el amor por medio de la esperanza próxima a realizarse. La boda sería en mayo, si no se atravesaba ningún obstáculo en el camino de la felicidad de los novios. Pero al acercarse la concertada fecha se atravesó uno terrible: Teodoro entró en el sorteo de oficiales y la suerte le fue adversa: le reclamaba la patria.

Ya se sabe lo que ocurre en semejantes ocasiones. La novia sufrió síncopes y ataques de nervios; derramó lagrimas que corrían por su mejillas frescas, pálidas como hojas de magnolia, o empapaban el pañolito de encaje; y en los últimos días que Teodoro pudo pasar al lado de su amada, trocáronse juramentos de constancia y se aplazó la dicha para el regreso. Tales fueron los extremos de la novia, que Teodoro marchó con el alma menos triste, regocijado casi por momentos, pues era animoso y no rehuía ni aun de pensamiento, la aceptación del deber.

Escribió siempre que pudo, y no le faltaron cartas amantes y fervorosas en contestación a las suyas algo lacónicas, redactadas después de una jornada de horrible fatiga, robando tiempo al descanso y evitando referir las molestias y las privaciones de la cruel campana, por no angustiar a la niña ausente. Un amigo a prueba, comisionado para espiar a la novia de Teodoro —no hay hombre que no caiga en estas puerilidades si está muy lejos y ama de veras—, mandaba noticias de que la muchacha vivía en retraimiento, como una viuda. Al saberlo, Teodoro sentía un gozo que le hacía olvidarse de la ardiente sed, del Sol que abrasa, de la fiebre que flota en el aire y de las espinas que desgarran la epidermis.

Cierto día, de espeso matorral salieron algunos disparos al paso de la columna que Teodoro mandaba. Teodoro cerró los ojos y osciló sobre el caballo; le recogieron y trataron de curarle, mientras huía cobardemente el invisible enemigo. Trasladado el herido al hospital, se vio que tenía destrozado el hueso de la pierna —fractura complicada, gravísima—. El médico dio su fallo: para salvar la vida había que practicar urgentemente la amputación por más arriba de la rótula, advirtiendo que consideraba peligroso dar cloroformo al paciente. Teodoro resistió la operación con los ojos abiertos, y vio cómo el bisturí incidía su piel y resecaba sus músculos, cómo la sierra mordía en el hueso hasta llegar al tuétano y cómo su pierna derecha, ensangrentada, muerta ya, era llevada a que la enterrasen... Y no exhaló un grito ni un gemido; tan solo, en el paroxismo del dolor, tronzó con los dientes el cigarro que chupaba.

Según el cirujano, la operación había salido divinamente. No hubo supuración ni calentura; cicatrizó el muñón bien y pronto, y Teodoro no tardó en ensayar su pierna de palo, una pata vulgar, mientras no podía encargar a Alemania otra hecha con arreglo a los últimos adelantos...

Al escribir a su novia desde el hospital, solo había hablado de herida, y herida leve. No quería afligirla ni espantarla. Así y todo, lo de la herida alarmó a la muchacha tanto, que sus cartas eran gritos de terror y efusiones de cariño. ¿Por qué no estaba ella allí para asistirle, y acompañarle, y endulzar sus torturas? ¿Cómo iba a resistir hasta la carta siguiente, donde él participase su mejoría?

Aquellas páginas tiernas y sencillas, que debían consolar a Teodoro, le causaron, por el contrario, una inquietud profunda. Pensaba a cada instante que iba a regresar, a ver a su adorada, y que ella le vería también..., pero ¡cómo! ¡Qué diferencia! Ya no era el gallardo oficial de esbelta figura y andar resuelto y brioso. Era un inválido, un pobrecito inválido, un infeliz inútil. Adiós las marchas, adiós los fogosos caballos, adiós el vals que embriaga, adiós la esgrima que fortalece; tendría que vivir sentado, que pudrirse en la inacción y que recibir una limosna de amor o de lástima, otorgada por caridad a su desventura. Y Teodoro, al dar sus primeros pasos apoyado en la muleta, presentía la impresión de su novia, cuando él llegase así, cojo y mutilado —él, el apuesto novio que antes envidiaban las amigas—. Ver la luz de la compasión en unos ojos adorados.... ¡qué triste sería, qué triste! Mirose al espejo y comprobó en su rostro las huellas del sufrimiento, y pensó en el ruido seco de la pata de palo sobre las escaleras de la casa de su futura... Con el revés de la mano se arrancó una lágrima de rabia que surgía al canto del lagrimal; pidió papel y pluma y escribió una breve carta de rompimiento y despedida eterna.

Dos años pasaron. Teodoro había vuelto a la Península, aunque no a la ciudad donde amó y esperó. Por necesidad tuvo que ir a ella pocos días, y aunque evitaba salir a la calle, una tarde encontró de improviso a la que fue su novia, y, sofocado, tembloroso, se detuvo y la dejó pasar. Iba ella del brazo de un hombre: su marido. El amputado, repuesto, firme ya sobre su pata hábilmente fabricada en Berlín, maravilla de ortopedia, que disimulaba la cojera y terminaba en brillante bota, notó que el esposo de su amada era ridículamente conformado, muy patituerto, de rodillas huesudas e innoble pie... y una sonrisa de melancólica burla jugó en su semblante grave y varonil.

La novela de Raimundo

—¿Suponéis que no hay en mis recuerdos nada dramático, nada que despierte interés, una novela tremenda? —nos dijo casi ofendido el apacible Raimundo Ariza, a quien considerábamos el muchacho más formal de cuantos remojábamos la persona en aquella tranquila playa y nos reuníamos por las tardes a jugar a tanto módico en el Casino.

No pudimos menos de mirar a Raimundo con sorpresa y algo de incredulidad. Sin embargo, Raimundo no era feo, tenía estatura proporcionada, correctas facciones, ojos garzos y dulces, sonrisa simpática y blanca tez, pero su bonita figura destilaba sosería; no había nacido fascinador; parecía formado por la Naturaleza para ser a los cuarenta buen padre de familia y alcalde de su pueblo.

—Dudamos de tu novela romántica— exclamó al cabo uno de nosotros.

—Pues es de las de patente... —replicó Raimundo—. Hay dos clases de novelas, señores escépticos: las voluntarias y las involuntarias. Las primeras las buscan por la mano sus héroes. Las otras... se vienen a las manos. De éstas fue la mía. A ciertas personas suele decirse que «les sucede todo»; y es porque andan a caza de sucesos... A fe que si se estuviesen quietecitos, las mujeres no se precipitarían a echarles memoriales.

En mi pueblo, como sabéis, no suele haber grandes emociones, y cualquier cosa se vuelve acontecimiento. Todo constituye distracción, rompiendo la monotonía de aquel vivir. Hará cosa de tres años, en primavera, nos alborotó la llegada de una tribu errante de gitanos o cíngaros. Plantaron sus negruzcas tiendas y amarraron sus trasijadas monturas en cierto campillo árido, cercano a uno de los barrios en construcción, y formamos costumbre de ir por las tardes a curiosear las fisonomías y los hábitos de tan extraña gente.

Nos gustaba ver cómo remendaban y estañaban calderos y componían jáquimas y pretales, todo al Sol y con la cabeza descubierta, porque dentro de las tiendas apenas podían revolverse. Comentábase mucho la noticia de que el jefe de una taifa tan sólida y desharrapada hubiese depositado en el Banco, el día de su arribo, bastantes miles de duros en ricas onzas españolas, de las que ya no se encuentran por ninguna parte. Viajaban con su caudal, y por no ser desvalijados, al sentar sus reales lo aseguraban así. Se decía también que poseían a docenas soberbias cadenas de oro y joyeles bárbaros de pedrería; pero es la verdad que, al exterior, solo mostraban miserias, andrajos y densa capa de mugre, no teniendo poco de asombroso que tan mala capa no bastase a encubrir ni a degradar la noble hermosura y pintoresca originalidad de los bohemios que admirábamos.

Resaltaba esta belleza en todos los individuos jóvenes de la tribu; pero, como es natural, yo prefería observarla en las mujeres y solía acercarme a la tienda donde habitaba una gitanilla del más puro tipo oriental que pueda soñarse. Esbelta; de tez finísima y aceitunada; de ojos de gacela, tristes, almendrados e inmensos; de cabellera azulada a fuerza de negror y repartida en dos trenzas de esterilla a ambos lados del rostro, la gitana estaba reclamando un pintor que se inspirase en su figura. Aunque era, según supe después, esposa del jefe de la tribu, su vestimenta se componía de una falda muy vieja y un casaquín desgarrado, por cuyas roturas salía el seno, y en lugar de los fantásticos joyeles del misterioso tesoro, adornaba su cuello una sarta de corales falsos. Su tierna juventud y su singular beldad resplandeciente, iluminaban los harapos y el interior de la tienda, por otra parte semejante a un capricho de Goya, donde humeaba un pote sobre unas trébedes y un fuego de brasa atizado por una gitana vieja, tan caracterizada de bruja, que pensé que iba a salir volando a horcajadas sobre una escoba.

Así que me vio la gitanilla, con voz muy melodiosa y con gutural pronunciación extranjera, me pidió la mano para echarme la buenaventura. Se la tendí, con dos pesetas para señalar; y después de oídas las profecías que dicen siempre las gitanas, dejé gustoso las dos pesetas en su poder. La mujer hablaba aprisa, porque un chiquillo desnudo, de cobriza tez, arrastrándose por el suelo, lloriqueaba; así que su madre le tomó en brazos, calló agarrando el seno. De súbito la gitana exhaló un chillido de dolor: el crío acababa de morderla cruelmente, y ella, casi en broma, aplicó dos azotes ligeros a la criatura. No sé qué fue más pronto, si romper el chico en llanto desconsolador o entrar en la tienda el jefe de la tribu, un arrogante bohemio de enérgicas facciones y pelo rizado en largos bucles; y sin encomendarse a Dios ni al diablo, profiriendo imprecaciones en su jerigonza, soltarle a su mujer un feroz puntapié que la echó a tierra.

Indignado por tal brutalidad, me precipité a levantarla; se alzó pálida y temblando; sus ojos oblongos, tan dulces poco antes, fulguraban con un brillo sombrío, que me pareció de odio y furor; pero al fijarse en mí destellaron agradecimiento. No lo pude remediar; aunque por sistema por nadie ni en nada me meto, aquella escena me había transtornado; apostrofé e increpé al gitano, y hasta le amenacé, si maltrataba de tal suerte a una criatura indefensa, con denunciarle a la autoridad que le aplicaría condigno castigo. No sé qué pasaría por dentro del alma del bohemio, sé que me escuchó muy grave, que chapurreó excusas y, al mismo tiempo, a guisa de amo de casa que hace cortesía, me acompañó, sacándome fuera de su domicilio, a pretexto de enseñarme los caballos y los carricoches; en términos que, al despedirme de aquel hombre, me creí en el deber de aflojar unas monedas..., que aceptó sin perder dignidad.

Al día siguiente, y los demás, volví al campamento y fui derecho a la tienda de la gitana... ¡No arméis alboroto ni me deis broma! Yo no sentía nada parecido a lo que suele llamarse no ya amor, sino solo interés o capricho por una mujer. Quizá por obra de la suciedad salvaje en que la gitana vivía envuelta, o por el carácter exótico de su hermosura de dieciséis abriles, lo que me inspiraba era una especie de lástima cariñosa unida a un desvío raro; yo no concebía, con tal mujer, sino la contemplación desinteresada y remota que despierta un cuadro o un cachivache de museo. A veces me creía inferior a ella, que procedía de raza más pura y noble, de aquel Oriente en el que la Humanidad tuvo su cuna; otras, por el contrario, se me figuraba un animal bravío, un ser de instinto y de pasión, a quien yo dominaba por la inteligencia. Y encontraba gusto de ir a verla únicamente porque ella, al aparecer yo, mostraba una alegría pueril, una exaltación inexplicable, sonriendo con labios muy rojos y dientes muy blancos, diciéndome palabras zalameras, contándome sus correrías, sus fatigas y sus deseos de regresar a una patria donde el firmamento no tuviese nubes ni llorase agua jamás. «Feo cuando llueve», repetía. A esto se redujo nuestro idilio... No tengo nada de héroe, y así que note que el arrogante gitano fruncía las negrísimas y correctas cejas al encontrarme en sus dominios, espacié mis visitas y ni siquiera me despedí de mi amiga, pues los bohemios levantaron el campo de improviso una mañana y desaparecieron, sin dejar más huellas de su paso que varios montones de carbón y ceniza en el real, y dos o tres hurtos de poca monta que se les atribuyeron, quizá falsamente.

Hasta aquí la historia es bien sencilla... Lo novelesco empieza ahora.... y consiste en un solo hecho, que ustedes explicarán como gusten.... pues yo me lo explico a mi modo, y acaso esté en un error. Al mes de alejarse de mi ciudad la tribu cíngara, se supo por la prensa que en las asperezas de la sierra de los Castros habían descubierto unos pastores el cuerpo de una mujer muy joven, cuyas señas inequívocas coincidían con las de mi gitanilla. El cuerpo había sido enterrado a bastante profundidad, pero venteado por los perros y desenterrado prontamente, dio a la Justicia indicios de que se hallaba sobre la pista de un horrendo crimen. Se inició el procedimiento sin resultado alguno, porque los de la errante tribu estuvieron conformes en declarar que la gitanilla había huido, separándose de ellos, y que ellos no se habían acercado ni a veinte leguas de distancia de la sierra de los Castros. Las muerte de la gitanilla fue un negro misterio más de tantos como no desentraña la justicia nunca. Solo yo creí ver claro en el lance... Acordeme de las palabras que Cervantes pone en boca del gitano viejo: «Libres y exentos vivimos de la amarga pestilencia de los celos; nosotros somos los jueces y verdugos de nuestras esposas y amigas; con la misma facilidad las matamos y las enterramos por las montañas y desiertos como si fuesen animales nocivos; no hay pariente que las vengue ni padres que nos pidan su muerte...»

El Imparcial, 14 febrero 1898.

El encaje roto

Convidada a la boda de Micaelita Aránguiz con Bernardo de Meneses, y no habiendo podido asistir, grande fue mi sorpresa cuando supe al día siguiente —la ceremonia debía verificarse a las diez de la noche en casa de la novia— que ésta, al pie mismo del altar, al preguntarle el obispo de San Juan de Acre si recibía a Bernardo por esposo, soltó un «no» claro y enérgico; y como reiterada con extrañeza la pregunta, se repitiese la negativa, el novio, después de arrostrar un cuarto de hora la situación más ridícula del mundo, tuvo que retirarse, deshaciéndose la reunión y el enlace a la vez.

No son inauditos casos tales, y solemos leerlos en los periódicos; pero ocurren entre gente de clase humilde, de muy modesto estado, en esferas donde las conveniencias sociales no embarazan la manifestación franca y espontánea del sentimiento y de la voluntad.

Lo peculiar de la escena provocada por Micaelita era el medio ambiente en que se desarrolló. Parecíame ver el cuadro, y no podía consolarme de no haberlo contemplado por mis propios ojos. Figurábame el salón atestado, la escogida concurrencia, las señoras vestidas de seda y terciopelo, con collares de pedrería; al brazo la mantilla blanca para tocársela en el momento de la ceremonia; los hombres, con resplandecientes placas o luciendo veneras de órdenes militares en el delantero del frac; la madre de la novia, ricamente prendida, atareada, solícita, de grupo en grupo, recibiendo felicitaciones; las hermanitas, conmovidas, muy monas, de rosa la mayor, de azul la menor, ostentando los brazaletes de turquesas, regalo del cuñado futuro; el obispo que ha de bendecir la boda, alternando grave y afablemente, sonriendo, dignándose soltar chanzas urbanas o discretos elogios, mientras allá, en el fondo, se adivina el misterio del oratorio revestido de flores, una inundación de rosas blancas, desde el suelo hasta la cupulilla, donde convergen radios de rosas y de lilas como la nieve, sobre rama verde, artísticamente dispuesta, y en el altar, la efigie de la Virgen protectora de la aristocrática mansión, semioculta por una cortina de azahar, el contenido de un departamento lleno de azahar que envió de Valencia el riquísimo propietario Aránguiz, tío y padrino de la novia, que no vino en persona por viejo y achacoso —detalles que corren de boca en boca, calculándose la magnífica herencia que corresponderá a Micaelita, una esperanza más de ventura para el matrimonio, el cual irá a Valencia a pasar su Luna de miel—. En un grupo de hombres me representaba al novio algo nervioso, ligeramente pálido, mordiéndose el bigote sin querer, inclinando la cabeza para contestar a las delicadas bromas y a las frases halagüeñas que le dirigen...

Y, por último, veía aparecer en el marco de la puerta que da a las habitaciones interiores una especie de aparición, la novia, cuyas facciones apenas se divisan bajo la nubecilla del tul, y que pasa haciendo crujir la seda de su traje, mientras en su pelo brilla, como sembrado de rocío, la roca antigua del aderezo nupcial... Y ya la ceremonia se organiza, la pareja avanza conducida con los padrinos, la cándida figura se arrodilla al lado de la esbelta y airosa del novio... Apíñase en primer término la familia, buscando buen sitio para ver amigos y curiosos, y entre el silencio y la respetuosa atención de los circunstantes.... el obispo formula una interrogación, a la cual responde un «no» seco como un disparo, rotundo como una bala. Y —siempre con la imaginación— notaba el movimiento del novio, que se revuelve herido; el ímpetu de la madre, que se lanza para proteger y amparar a su hija; la insistencia del obispo, forma de su asombro; el estremecimiento del concurso; el ansia de la pregunta transmitida en un segundo: «¿Qué pasa? ¿Qué hay? ¿La novia se ha puesto mala? ¿Que dice «no»? Imposible... Pero ¿es seguro? ¡Qué episodio!... «

Todo esto, dentro de la vida social, constituye un terrible drama. Y en el caso de Micaelita, al par que drama, fue logogrifo. Nunca llegó a saberse de cierto la causa de la súbita negativa.

Micaelita se limitaba a decir que había cambiado de opinión y que era bien libre y dueña de volverse atrás, aunque fuese al pie del ara, mientras el «sí» no hubiese partido de sus labios. Los íntimos de la casa se devanaban los sesos, emitiendo suposiciones inverosímiles. Lo indudable era que todos vieron, hasta el momento fatal, a los novios satisfechos y amarteladísimos; y las amiguitas que entraron a admirar a la novia engalanada, minutos antes del escandalo, referían que estaba loca de contento y tan ilusionada y satisfecha, que no se cambiaría por nadie. Datos eran éstos para oscurecer más el extraño enigma que por largo tiempo dio pábulo a la murmuración, irritada con el misterio y dispuesta a explicarlo desfavorablemente.

A los tres años —cuando ya casi nadie iba acordándose del sucedido de las bodas de Micaelita—, me la encontré en un balneario de moda donde su madre tomaba las aguas. No hay cosa que facilite las relaciones como la vida de balneario, y la señorita de Aránguiz se hizo tan íntima mía, que una tarde paseando hacia la iglesia, me reveló su secreto, afirmando que me permite divulgarlo, en la seguridad de que explicación tan sencilla no será creída por nadie.

—Fue la cosa más tonta... De puro tonta no quise decirla; la gente siempre atribuye los sucesos a causas profundas y trascendentales, sin reparar en que a veces nuestro destino lo fijan las niñerías, las «pequeñeces» más pequeñas... Pero son pequeñeces que significan algo, y para ciertas personas significan demasiado. Verá usted lo que pasó: y no concibo que no se enterase nadie, porque el caso ocurrió allí mismo, delante de todos; solo que no se fijaron porque fue, realmente, un decir Jesús.

Ya sabe usted que mi boda con Bernardo de Meneses parecía reunir todas las condiciones y garantías de felicidad. Además, confieso que mi novio me gustaba mucho, más que ningún hombre de los que conocía y conozco; creo que estaba enamorada de él. Lo único que sentía era no poder estudiar su carácter; algunas personas le juzgaban violento; pero yo le veía siempre cortés, deferente, blando como un guante. Y recelaba que adoptase apariencias destinadas a engañarme y a encubrir una fiera y avinagrada condición. Maldecía yo mil veces la sujeción de la mujer soltera, para la cual es imposible seguir los pasos a su novio, ahondar en la realidad y obtener informes leales, sinceros hasta la crudeza —los únicos que me tranquilizarían—. Intenté someter a varias pruebas a Bernardo, y salió bien de ellas; su conducta fue tan correcta, que llegué a creer que podía fiarle sin temor alguno mi porvenir y mi dicha.

Llegó el día de la boda. A pesar de la natural emoción, al vestirme el traje blanco reparé una vez más en el soberbio volante de encaje que lo adornaba, y era el regalo de mi novio. Había pertenecido a su familia aquel viejo Alençón auténtico, de una tercia de ancho —una maravilla—, de un dibujo exquisito, perfectamente conservado, digno del escaparate de un museo. Bernardo me lo había regalado encareciendo su valor, lo cual llegó a impacientarme, pues por mucho que el encaje valiese, mi futuro debía suponer que era poco para mí.

En aquel momento solemne, al verlo realzado por el denso raso del vestido, me pareció que la delicadísima labor significaba una promesa de ventura y que su tejido, tan frágil y a la vez tan resistente, prendía en sutiles mallas dos corazones. Este sueño me fascinaba cuando eché a andar hacia el salón, en cuya puerta me esperaba mi novio. Al precipitarme para saludarle llena de alegría por última vez, antes de pertenecerle en alma y cuerpo, el encaje se enganchó en un hierro de la puerta, con tan mala suerte, que al quererme soltar oí el ruido peculiar del desgarrón y pude ver que un jirón del magnífico adorno colgaba sobre la falda. Solo que también vi otra cosa: la cara de Bernardo, contraída y desfigurada por el enojo más vivo; sus pupilas chispeantes, su boca entreabierta ya para proferir la reconvención y la injuria... No llegó a tanto porque se encontró rodeado de gente; pero en aquel instante fugaz se alzó un telón y detrás apareció desnuda un alma.

Debí de inmutarme; por fortuna, el tul de mi velo me cubría el rostro. En mi interior algo crujía y se despedazaba, y el júbilo con que atravesé el umbral del salón se cambió en horror profundo. Bernardo se me aparecía siempre con aquella expresión de ira, dureza y menosprecio que acababa de sorprender en su rostro; esta convicción se apoderó de mí, y con ella vino otra: la de que no podía, la de que no quería entregarme a tal hombre, ni entonces, ni jamás... Y, sin embargo, fui acercándome al altar, me arrodillé, escuché las exhortaciones del obispo... Pero cuando me preguntaron, la verdad me saltó a los labios, impetuosa, terrible... Aquel «no» brotaba sin proponérmelo; me lo decía a mí propia.... ¡para que lo oyesen todos!

—¿Y por qué no declaró usted el verdadero motivo, cuando tantos comentarios se hicieron?

—Lo repito: por su misma sencillez... No se hubiesen convencido jamás. Lo natural y vulgar es lo que no se admite. Preferí dejar creer que había razones de esas que llaman serias...

El Liberal, 19 septiembre 1897.

Martina

Hija única de cariñosos padres, que la habían criado con blandura, sin un regaño ni un castigo, Martina fue la alegría del honrado hogar donde nació y creció. Cuando se puso de largo, la gente empezó a decir que era bonita, y la madre, llena de inocente vanidad, se esmeró en componerla y adornarla para que resaltase su hermosura virginal y fresca. En el teatro, en los bailes, en el paseo de las tardes de invierno y de las veraniegas noches, Martina, vestida al pico de la moda y con atavíos siempre finos y graciosos, gustaba y rayaba en primera línea entre las señoritas de Marineda. Se alababa también su juicio, su viveza, su agrado, que no era coquetismo, y su alegría, tan natural como el canto en las aves. Una atmósfera de simpatía dulcificaba su vivir. Creía que todos eran buenos, porque todos le hablaban con benevolencia en los ojos y mieles en la boca. Se sentía feliz, pero se prometía para lo futuro dichas mayores, más ricas y profundas, que debían empezar el día en que se enamorase. Ninguno de los caballeretes que revoloteaban en torno de Martina, atraídos por la juventud y la buena cara, unidas a no despreciable hacienda, mereció que la muchacha fijase en él las grandes y rientes pupilas arriba de un minuto. Y en ese minuto, más que las prendas y seducciones del caballerete, solía ver Martina sus defectillos, chanceándose luego acerca de ellos con las amigas. Chanzas inofensivas, en que las vírgenes, con malicioso candor, hacen la anatomía de sus pretendientes, obedeciendo a ese instinto de hostilidad burlona que caracteriza el primer período de la juventud.

Así pasaron tres o cuatro inviernos; en Marineda empezó a susurrarse que Martina era delicada de gusto, que picaba alto y que encontrar su media naranja le sería difícil.

Sin embargo, al aparecer en la ciudad el capitán de Artillería Lorenzo Mendoza, conocióse que Martina había recibido plomo en el ala. Lorenzo Mendoza venía de Madrid: era apuesto, cortés, reservado, serio, más bien un poco triste, aunque en sociedad se esforzaba por parecer ameno y expansivo; su vestir y modales revelaban el hábito de un trato escogido y de un respeto a sí mismo que no degeneraba en fatuidad ni en afectación; sin que presumicou de buen mozo, era en extremo simpática su cara morena, de oscura barba y facciones expresivas. Con todo esto, hay más de lo necesario para sorber el seso a una niña provinciana, hasta sin pretenderlo, como,-en efecto, no lo pretendía Mendoza al principio. Las bromas de los compañeros, la fama de «picar alto» de Martina y también su atractivos y gracias, su belleza en plena florescencia entonces impulsaron a Mendoza a acercársele, a preferir su conversación y, poco a poco, a cortejarla.

El pintor que quisiese trazar una personificación de la dicha, pudo tomar a Martina por modelo en aquella época deliciosa en que creía sentir que su sangre circulaba como río de néctar y su corazón se iluminaba como ardiente rubí en la perpetua fiesta de sus esperanzas divinas.

Al ocupar Lorenzo la silla libre al lado de la muchacha, ésta se ponía alternativamente roja y pálida; sus oídos zumbaban, brillaban sus ojos, enfriábanse sus manos de emoción; y a las primeras palabras del capitán, un gozo embriagador fijaba en la boca de Martina una sonrisa como de éxtasis.

Rara vez dejan de provocar envidia estas felicidades, y más cuando no se ocultan, como no ocultaba la suya Martina, que no veía razón para esconder un sentimiento puro y legítimo. Si no fue la envidia, fue la curiosidad la que escudriñó el pasado de Mendoza, como se registra una casa para encontrar un arma oculta y herir con ella. Y averiguose sin gran esfuerzo —porque casi todo se sabe, aunque se sepa truncado y sin ilación lógica que Mendoza, al venirse, había cortado una de esas historias pasionales, borrascosas, largas, complicadas; un imposible adorado y funesto, de esos lazos que obligan a huir a los confines del mundo y que, elásticos a medida de la ausencia, no siempre se rompen por mucho que se estiren. Con la falta de penetración que caracteriza al vulgo, opinaban los curiosos de Marineda que Mendoza habría olvidado inmediatamente a su tirana, la cual, sobre costarle desazones y amarguras sin cuento, ni era niña ni hermosa. Al lado de aquel capullo, de aquella Martina cándida y radiante como un amanecer y que llevaba en sus lindas manos un caudal, ¿qué podía echar de menos el bizarro capitán de Artillería?

Así y todo, almas caritativas se deleitaron en enterar de la historia vieja al padre de Martina, seguros de que él, solícito e inquieto, a su hija se lo había de contar. No se equivocaban; una noche, en el paseo del terraplén, a la hora en que la salitrosa brisa del mar refresca el rostro y vigoriza el ánimo, y en que la música militar, sonora y vibrante, cubre la voz y solo permite el cuchicheo íntimo y dulce de los enamorados, Martina preguntó lealmente y

Lorenzo contestó turbado y sombrío... ¿Quién se lo había dicho?... Tonterías. Eran cosas pasadas, bien pasadas; muertas y bien muertas. Mendoza no comprendía ni por qué las recordaba nadie, ni a santo de qué las sacaba a relucir Martina... Y ella, alzando los ojos llenos de lágrimas y relucientes de pasión, sonriendo de aquel modo extático suyo, olvidando el lugar donde se encontraban, murmuró hondamente:

—No me he de casar con otro sino contigo, y me parece justo saber si hay algo que lo estorbe.

Conmovido, sin darse cuenta de lo que hacía, Mendoza se inclinó y buscando disimuladamente la mano de la muchacha y estrechándola con apretón furtivo entre el remolino de los paseantes, que encubre tales expansiones, le murmuró al oído:

—Pues no hay nada.... y por mí que sea prontito... ¡Te quiero!

Al acabar la frase Mendoza, Martina se volvió hacia su padre, que venía detrás, exclamando:

—No estoy bien... Llévame a sentarme... ¡El brazo!

Pronto se repuso, porque la alegría puede trastornar, pero hace daño rara vez; y de allí a dos semanas, la boda de Martina y de Mendoza era noticia oficial, y se sabía el encargo del equipo y galas, y se discutía el mobiliario y alojamiento de los novios.

Se fijó la ceremonia para fines de septiembre. ¿Qué falta hacía esperar? El amor que está en sazón debe cogerse como la fruta madura. Iban llegando cajones con ropa blanca, trajes de seda, capotitas, estuches de joyas. En la sala de los padres de Martina servía de escaparate ancha mesa; amigas y amigos venían, contemplaban, aprobaban censuraban y salían contentos, displicentes o taciturnos, según su carácter más o menos generoso. Martina, todas las mañanas arrancaba triunfalmente una hoja del calendario, cortado ya por la fecha de la boda. ¡Qué pocas hojas faltan! ¡Diez.... ocho.... una semanita no más! Este domingo es el último de soltera.... cuatro días... Mañana... Sí, mañana; a las ocho; ahí están el vestido blanco, los guantes blancos, el abanico, el azahar que llegó de Valencia y que embalsama el ambiente. Lorenzo venía por la noches a hacer tertulia a su novia y se mostraba galán, aunque siempre grave.

La víspera de la boda, Martina le esperaba, como de costumbre, en el gabinetillo. La madre, que vigilaba sus coloquios, no creyó que aquella noche fuese preciso hacer centinela: ocupada en quehaceres múltiples, dejó sola a su hija. Y Martina, en vez de alegrarse, sintió de pronto una pena agobiadora, inmensa, una desolación sin límites, un miedo horrible a algo que no se explicaba ni se fundaba en nada racional. Tardaba ya Mendoza. Sonó la campanilla y, por instinto, Martina se lanzó a la escalera. El criado le presentó una carta que acababa de traer «el asistente del señorito». ¡Una carta! Las piernas de Martina parecían de algodón; creyó que nunca podría andar el trecho que separaba la antesala del gabinete. Se acercó a la lámpara, rompió el sobre, leyó... Antes que sus ojos la había leído su corazón, fiel zahorí.

Aquellas excusas, aquellas forzadas frases de cariño, aquella mentiras con que se pretendía paliar la infame deserción, las presentía Martina desde una hora antes. Y los motivos de la repentina marcha bien sabía Martina que no eran los que fingía la carta, sino otros, que no podían decirse; pero que explicaban a la vez el viaje y la continua tristeza, invencible, misteriosa, de su futuro... Llamábale otra vez el abismo; resucitaba lo que sin duda no había muerto. Martina cayó desplomada en el sofá; no lloraba, gemía bajito, como quien reprime la queja de mortal dolor. Sin embargo, la misma violencia del golpe, la indignación —mil sentimientos confusos— la impulsaron a levantarse, tomar un fósforo, pegar fuego a la carta, abrir la ventana y echar a volar las cenizas, cual si temiera que la delatasen. Buscando luego a sus padres, les declaró con voz firme y serena que había renunciado por su gusto y deliberadamente, a casarse con Lorenzo Mendoza, al cual no volverían a ver más, porque salía aquella noche en el tren correo hacia Madrid.

Poseían los padres de Martina una casa de campo no muy distante de la ciudad, y en ella se ocultaron con su hija para dejar disiparse la primera polvareda de la deshecha boda. Allí pasaron el invierno; Martina parecía contenta. Le hablaron de viajes a la corte, al extranjero; rechazó la idea con disgusto. Vino la primavera, y ya no pensaron en dejar la residencia campestre. Al acercarse el otro invierno preguntaron a Martina, y pidió, por favor, encarecidamente, un año más de soledad.

La misma escena se repitió al siguiente; los padres empezaron a impacientarse; les parecía que ya era hora de que su hija volviese al mundo y se le buscase otro novio formal y auténtico, que borrase de su memoria lo pasado. Mas en esto aconteció que enfermaron los viejos, y con distancia de pocos días se los llevó el sepulcro: al padre, una fiebre reumática, y a la madre, un inveterado padecimiento del corazón. Martina, sola ya, de luto riguroso, negose a recibir pésames, a admitir consuelos de amigas, y se encerró más que nunca entre las paredes de su tapia y entre los árboles de su solitaria finca. Corrió algún tiempo. En Marineda ya apenas se hablaba de Martina. Los más la creían maniática. No la trataba nadie.

....

Una tarde resonó el aldabón de la portalada con los golpes que daba un jinete, que regía un caballejo castaño. El hortelano salió a abrir, y contestó la frase sacramental: la señora no estaba, y, además, no acostumbraba recibir visitas.

—Dígale usted —objetó el jinete apeándose— ¡que es don Lorenzo Mendoza!... Puede ser que entonces...

A los diez minutos volvía el hortelano con respuesta negativa, terminante. Mendoza bajó la cabeza e hizo ademán de volver a montar. De pronto, como si variase de parecer y obedeciese a una inspiración súbita, arrollando al hortelano, cruzó la puerta, se metió patio adentro, subió una escalera exterior tapizada de madreselvas, que daba acceso a la casa, y entró en una sala oscura, de vidriera entornada, silenciosa. Oyó un grito de mujer; fue derecho a donde sonaba y estrechó a Martina en los brazos. No hubo palabras; todo se expresó con halagos, inarticulados sones, caricias insensatas por parte de él; primero, rechazadas, débilmente, y pagadas, luego. Después vinieron las excusas, los ruegos, las explicaciones que Mendoza dio casi de rodillas y ella oyó trémula, desfallecida, reclinada la cabeza en el hombro del suplicante. Y siguieron las promesas, los juramentos, las protestas de enmienda y lealtad, los plazos de ventura que Mendoza desarrollaba risueño, enclavijando sus dedos en los de Martina, que no oponían resistencia. La noche caía; la Luna llena se alzaba blanca y apacible; la madreselvas exhalaban su balsámico aroma. Los antiguos novios eran ya amantes; la primavera se trocaba en estío, y el enajenado Mendoza no echó de ver que Martina, en medio de su delirio, a veces gemía muy bajo, como quien reprime la queja de mortal dolor, como había gemido años antes al recibir la carta de despedida.

A la mañana siguiente, cuando despertó Mendoza, no vio a Martina..., la llamó a voces y no contestó nadie. Por fin acudieron los criados; sabían que su ama se había marchado tempranito, pero ignoraban adónde.

En Marineda se supo sin asombro, a la semana siguiente, que Martina vivía reclusa, como «señora de piso», en un convento de Compostela. Lo que nunca se divulgó fue que hubiera adoptado tal resolución para evitar el sonrojo de sentirse morir de felicidad cerca de «aquel» que un día la engañó y vendió.

Apólogo

Habíase enamorado Vicente de Laura oyéndola cantar una opereta en que desempeñaba, con donaire delicioso, un papel entre cómico y patético. La natural hermosura de la cantante parecía mayor realzada por atavío caprichoso y original, al reflejo de las candilejas, que jugueteaban en la tostada venturina de sus ondeantes y sueltos cabellos, flotantes hasta más abajo de la rodilla. Hallábase Laura en estos primeros años felices de la profesión en que un nombre, después de hacerse conocido, llega a ser célebre; esos años en que la chispita de luz se convierte en astro, y los homenajes, las contratas, los ramilletes, las joyas, los retratos en publicaciones ilustradas, los artículos elogiosos caldeados por el entusiasmo, llueven sobre la artista lírica, halagando su vanidad, exaltando su amor propio y haciéndola soñar con la gloria. ¿Por qué entre el enjambre de adoradores que zumbaban a su alrededor Laura distinguió a Vicente, escogió a Vicente, oficial que no poseía más que su espada y un apellido, eso sí, muy ilustre: el sonoro apellido hispanoárabe de Alcántara Zegrí?

Lo cierto es que la elección de Laura fue muy perjudicial a su tranquilidad y dicha. Vicente Zegrí, como le llamaban sus amigos, por atavismo y tradiciones de raza, llevaba en la sangre el virus corrosivo de los celos; y si esta enfermedad moral hace estragos dondequiera que aparece, no pueden calcularse sus consecuencias en hombre que ama a mujer de profesión artística, cuyas gracias, en cierto modo, tiene derecho el público a usufructuar. Antes anduvo Vicente rabioso que gozoso; tragó la hiel cuando aún no gustara la miel, y nunca recibió el divino premio de los halagos de la amada sin que se lo amargasen con amargor de muerte negras sospechas, infames imaginaciones y desesperados recelos. Tanto pudo con él esta fatiga y desazón celosa, que un día o, para no faltar a la verdad, una noche en que a la salida del teatro había acompañado a Laura —ya no acertó a reprimirse, y abrió su corazón, mostrando lo profundo de la llaga.

—Mi sufrimiento es tal —declaró, estrujando las manos de su amiga, en aquel momento heladas de terror—, que necesito echar por la calle de en medio, realizar una acción decisiva; a seguir así me volvería loco, haga lo que haga, quiero hacerlo estando cuerdo, poseyendo la conciencia de mis actos. Cuando te aplauden, siento impulsos de prender fuego al teatro— cuando se te llena de necios y de osados el camerino, se me ocurre sacar la espada y entrar pegando tajos a diestro y siniestro. La tentación es tan fuerte, que por no ceder a ella, suelo marcharme a mi casa; pero como me conozco y sé que tarde o temprano cedería, prefiero consultarte, confesarme contigo, a ver si entre los dos discurrimos modo de salvarnos.

Laura miraba fijamente al oficial, notando con profundo estremecimiento el brillo siniestro de sus pupilas, el temblor involuntario de sus labios, cárdenos, lo fruncido de sus cejas, la crispación de sus dedos, la alteración de su voz y con dulce sonrisa y acento que chorreaba ternura, le preguntó, entre un intento de caricia que rehuyó el celoso:

—¿Y qué has pensado hacer, Vicente mío? Ya que discutimos amigablemente, dímelo sin reparo y te contestaré con franqueza.

—¡He pensado que nos casemos, que seas mi esposa! —declaró Zegrí.

—¿Y que yo... renuncie al arte?

—¡Pues si no renunciases, bonito negocio! —exclamó el enamorado con exaltada vehemencia—. Te habrás figurado otra cosa, ¿eh? Desde el momento en que Vicente Zegrí se llame tu marido, a tu marido pertenecerás, y él solo él podrá contemplar tus hechizos, oír tu canto y ver desatada esta cabellera —al hablar así agarró la profusa mata de pelo, sacudiéndola con furor apasionado.

Púsose Laura más blanca que los encajes de su bata de seda; el tirón había dolido; pero ni la sonrisa se apartó de sus labios ni un punto cambió la lánguida y acariciadora expresión de sus ojos. Dirigiéndose a Vicente con reposo y dulzura, le interrogó:

—¿Me permites que te cuente un cuento oriental? Me lo refirieron allá en Rusia, donde he cantado hace dos inviernos, donde tienen muchas ganas de que vuelva una temporadita.

Pasándose la mano por la frente, como para espantar una pesadilla, Vicente hizo con la cabeza señal de que estaba dispuesto a oír.

—Parece —empezó Laura— que hubo en Rusia, no sé en qué siglo, un rey muy malo y feroz, a quien le pusieron por sus desafueros y tiranías el sobrenombre de Iván el Terrible. Aunque con Dios no debía de estar muy a bien, el caso es que se le ocurrió construir una catedral magnífica, dedicada a un santo, que allí la llaman Vassili Blagennoi, lo cual significa el Bienaventurado Basilio.

—¿Y qué tiene que ver...? —murmuró Vicente, no sin impaciencia.

—¡Aguarda, aguarda! El rey buscó mucho tiempo arquitecto capaz de comprender toda la suntuosidad y grandeza que él deseaba para la catedral, hasta que por fin se presentó uno con un plano asombroso, que dejó al rey encantado. Elevóse el templo, y fue pasmo y admiración de todos; y el rey, contentísimo, colmó de regalos y de honores y distinciones al arquitecto. Un día, terminadas las obras, le llamó a palacio y le preguntó si se creía capaz de erigir otro templo tan magnífico y sorprendente como aquel. El arquitecto, lisonjeado, respondió que sí, y que hasta esperaba idear nuevo edificio que superase al primero en belleza y esplendor. Entonces, el bárbaro rey, sirviéndose del agudo chuzo de hierro que llevaba siempre a la cintura, le vació al pobre arquitecto los dos ojos, uno tras otro, a fin de jamás pudiese construir para nadie un templo.

Laura calló, y Vicente Zegrí, que acababa de comprender la moraleja del apólogo, la miró con una especie de extravío. Ligera espuma asomó al canto de su boca y por su venas serpeó el frío sutil del aura epiléptica, que incita al crimen, dominándose con esfuerzo supremo, se incorporó, dispuesto a marcharse y articuló pausadamente mientras recogía su airosa capa española:

—Ese rey hizo mal. Sacar los ojos es acción propia de un verdugo. Si quería inutilizar al arquitecto, debió matarle.

Diciendo así, con súbito impulso, se acercó Vicente a Laura, la rodeó con los brazos, y tan violentamente la apretó, de tan insensato modo, incrustándole tan reciamente los dedos en las costillas, que la artista exhaló un grito de miedo, un chillido que salía del fondo de su ser, de esos que solo dicta el instinto de conservación, el horror a la nada y al sepulcro. Al oír el grito, Vicente la soltó, embozóse en su capa y salió tropezando con las paredes.

Pasose lo que faltaba hasta el amanecer vagando por las calles, en un estado tan horrible, que dos o tres veces se recostó en una puerta para llorar. El día que siguió a aquella noche no fue menos cruel. Escribió a Laura cien cartas que desgarraba después con furia; adoptó y desechó mil planes contradictorios; pensó en echarse de rodillas, en suicidarse, en abrasar el barrio, en secuestrar a su amada a viva fuerza y, por último, la idea de la muerte fue la que se esculpió en su espíritu con relieve poderoso. Su alma pedía sangre, hierro y fuego, violencia, destrozo y aniquilamiento; el instinto anárquico, que tantas veces acompaña al amor, se alzaba, rugiente y desatado, como racha de huracán. Ya ni siquiera intentaba Vicente recobrar la razón, la cordura y el aplomo; las imágenes suscitadas por los celos, Laura atrayendo a sí los ojos de tantos hombres, que se recreaban en sus gracias y picardías, que bebían su voz, que la admiraban con el cabello suelto, eran flechas de llama que le desatinaban, como al toro la ardiente banderilla. Ni aun creía amar a Laura; la consideraba una enemiga mortal. Figurábase por momentos que la odiaba con toda la voluntad iracunda, y este odio clamaba por saciarse y gozarse en la destrucción.

Llegada la hora de ir al teatro, donde cantaba Laura una de las operetas en que estaba más linda y recogía más aplausos, Vicente, resuelto, algo aliviado por la decisión fiera, concreta, irrevocable, se echó al bolsillo el revólver.

Si sufría demasiado..., allí tenía el remedio. Ya habían alzado el telón, pero no aparecía Laura, y Vicente, abstraído en su frenesí, hubo de notar, por fin, que la gente profería exclamaciones de descontento y que la función no era la anunciada, la que Laura debía representar. Alarmado, antes de terminarse el acto dejó su asiento, corrió a informarse entre bastidores... Aquella mañana misma, la cantante había rescindido su contrato, perdiendo lo que quiso el empresario, y partido en dirección a San Petersburgo.

Blanco y Negro, núm. 358, 1898.

A secreto agravio...

Aquella tienda de ultramarinos de la calle Mayor regocijaba los ojos y era orgullo de los moradores de la ciudad, quienes, después de mostrar a los forasteros sus dos o tres monumentos románicos y sus docks, no dejaban de añadir: «Fíjese usted en el establecimiento de Ríopardo, que compite con los mejores del extranjero.»

Y competía. Los amplios vidrios, los escaparates de blanco mármol, las relucientes balanzas, los grifos de dorado latón, el artesonado techo, las banquetas forradas de rico terciopelo verde de Utrecht, las brillantes latas de conservas formando pirámides, las piñas y plátanos maduros en trofeo; las baterías de botellas de licor, de formas raras y charoladas etiquetas, todo alumbrado por racimos de bombillas eléctricas, hacían del establecimiento un suntuoso palacio de la golosina. Así como en Madrid salen las señoras a revolver trapos, en la apacible capital de provincia salían a «ver qué tiene Ríopardo de nuevo». Ríopardo sustituía al teatro y a otros goces de la civilización; y los turrones y los quesos, y los higos de Esmirna eran el pecadillo dulce de las pacíficas amas de casa y sus sedentarios maridos, por lo cual no faltaban censores malhumorados y flatulentos que acusasen a Ríopardo de haber corrompido las costumbres y trocado la patriarcal sencillez de las comidas en fausto babilónico...

Entre tanto, el establecimiento medraba, y Ríopardo, moreno, afeitado, lucio, adquiría ese aplomo que acompaña a la prosperidad. Los negocios iban como una seda, y esperaba morir capitalista, a semejanza de otros negociantes de la misma plaza que habían tenido comienzos más humildes aún... Hoy convenía trabajar, aprovechando el vigor de los treinta años y la salud férrea. De día, desde las seis de la mañana, al pie del cañón, haciendo limpiar y asear, pesando, despachando, cobrando; de noche, compulsando registros, copiando facturas, contestando cartas..., y así, sin descanso ni más intervalo que el de algún corto viaje a Barcelona y Madrid.

De uno de estos volvió casado Ríopardo; su mujer, linda muchacha, hija de un perfumista, apareció en la tienda desde el primer día, ayudando en el despacho a su marido y al dependiente. La cara juvenil y la fina habla castellana de María fueron otro aliciente más para la clientela. Sin ser activa ni laboriosa como su esposo, María era zalamera y solícita, y daba gozo verla, bien ceñida de corsé, muy fosca de peinado, cortar con su blanca manecita de afinados dedos una rebanada de Gruyère o una serie de rajas de salchichón, sutiles como hostias, pesarlas pulcramente y envolverlas en papeles de seda, atados con cinta azul. La tienda sonreía, animada por el revuelo de unas faldas ligeras, y nadie como María para aplacar a una parroquiana descontenta, para halagar a un parroquiano exigente, para regalar un cromo a un niño o deslizar un puñado de dátiles en el delantal de una cocinera gruñona.

El ejemplo de María, su atractivo, su complacencia habían influido en el dependiente Germán. Mientras estuvo solo con Ríopardo, Germán era hosco, indiferente y torpe; no se mudaba, no se rasuraba. María le arregló el cuarto —porque Germán vivía con sus patronos en el piso principal—, le surtió de un buen lavabo, de toallas; le repasó la ropa blanca y le compró cuellos y puños, con lo cual el dependiente sacó a luz su figura adamada, su rubio pelo rizado con gracia sobre la sien, y las criadas y las mismas señoras compraron de mejor gana en el establecimiento, que al fin las cosas de bucólica gusta recibirlas de gente aseada, moza y no fea... «También se come con la vista», solían decir.

Una tarde, casi anochecido, Ríopardo, volviendo de arreglar asuntos urgentes en la Aduana, prefirió entrar en su casa por la puerta trasera, que caía a la Marina, ahorrándose así diez minutos de callejeo inútil, pues era, a fuer de hombre de acción, avaro de tiempo. Tenía en el bolsillo el llavín; abrió, salvó un pasadizo y empujó la puerta del almacén que cedió sin rechinar. El almacén, atestado de latas de petróleo, bocoyes de aguardiente y aceite, y sacas de arroz y harina, estaba a oscuras, y allá a su extremidad, Ríopardo creyó percibir un cuchicheo ahogado y suave. Se detuvo, resguardado por una gran barrica y miró. Al pronto no se ve nada viniendo de afuera, cuando la luz es poca; pero a los tres minutos la vista se acostumbra y algo se percibe. Ríopardo logró distinguir dos personas. De pronto, una de ellas, Germán, dijo en alta voz: «Está alguien en la tienda» Y el modo de separarse, brusco, azorado, fue más inequívoco aún que la proximidad de los dos bultos...

Retrocedió Ríopardo; salió por donde había entrado y sin cuidarse ya de economizar tiempo, penetró por la tienda en su casa. Cerróse ésta a la hora habitual; cenaron los tres: marido, mujer y dependiente, y se recogieron en paz a sus respectivos dormitorios María y Germán, Ríopardo volvió a bajar; era el momento de repasar las cuentas y manejar libros. Llevaba su linterna sorda, que le servía para registrar el almacén, en precisión de un incendio; y ya dentro del vasto recinto empezó por atrancar la puerta que daba al pasadizo y probar los cerrojos de la que con la tienda comunicaba.

Después, entregóse a una faena extraña: abrió buen número de latas de petróleo y las inclinó para que el mineral corriese por el suelo; enseguida, ensopando una gran escoba en los charcos que se formaban, barnizó bien un punto determinado del techo, rociándolo de continuo con hisopazos fuertes. De un rincón trajo brazadas de paja, papeles y astillas —residuos de los embalajes de las botellas—, y los hacinó hasta formar una pirámide, que con ayuda de una escalera subió a la altura de las vigas del techo, en el mismo punto en que las había untado de petróleo. Hecho esto, siguió destapando latas y dio la vuelta al grifo de un inmenso barril de alcohol. El trajín había sido largo; Ríopardo sentía que un sudor helado brotaba de sus cabellos. Descansó un instante y miró el reloj: era la una menos cuarto. Entonces se descalzó, abrió la puerta exterior, dejándola arrimada, subió furtivamente la escalera y no paró hasta su alcoba. María dormía o aparentaba dormir serenamente. La alcoba no tenía ventana. Ríopardo, con maravilloso silencio, colocó delante de la vidriera sillas, butacas, ropas, un cofre, cuantos objetos pudo trasladar sin hacer ruido.

Retiróse, y al salir echó por fuera cerrojo y llave a la puerta del gabinete que comunicaba con la alcoba. Descendió otra vez a la tienda, metióse en el almacén, raspó un fósforo, encendió una mecha corta y la aplicó al suelo encharcado de aceite mineral. La llamarada súbita que se alzó le chamuscó pestañas y cabellos. Solo tuvo tiempo de huir a la tienda. El almacén no tardaría tres minutos en ser un brasero enorme.

El marido, con flema, se calzó, se limpió las manos y subió pisando recio. Golpeó la puerta del dormitorio de Germán que salió medio desnudo, despavorido. «Creo que hay fuego... Huele a humo... Baje usted... ¡No, antes de pedir socorro hay que cerciorarse!» Germán se precipitó sin más ropas que unos pantalones vestidos a escape y babuchas. Mal despierto aún del primer sueño de los veinte años, casi no comprendía lo que pasaba. Le precedía Ríopardo con la indispensable linterna.

Tienda y portal estaban llenos de un humo acre, asfixiante. «Pase usted; mire a ver dónde es...» Titubeaba el dependiente, ciego y atónito; Ríopardo le empujó, le precipitó, ya sin disimular, dentro del horno, y aún tuvo fuerzas para correr los cerrojos y huir, saliendo al portal y a la calle. En ella respiró con delicia, cerciorándose de qué por allí no andaba el sereno ni pasaba nadie, y probablemente sucedería lo mismo durante el cuarto de hora necesario...

Sin embargo, a los diez minutos el humo era tal, que temeroso de ver abrirse las ventanas y oír voces de socorro, el mismo Ríopardo gritó. Al llegar los primeros auxilios, la casa, sobre todo el bajo y el principal, no formaban más que una hoguera. Se atendió a aislar las casas vecinas y a salvar con escalas a los inquilinos del segundo y tercero. La fatalidad —observaron las gentes— quiso que el fuego se iniciase en la parte del almacén que correspondía con el dormitorio de la esposa de Ríopardo, la cual, asfixiada por el humo, ni pudo levantarse a pedir socorro. Apareció carbonizada, lo mismo que el dependiente, presunto reo de imprudencia temeraria por fumar en el almacén.

No estando aseguradas las existencias del establecimiento, sobre el dueño no recayeron sospechas, sino gran lástima. Arruinado casi completamente, no faltó quien, estimando sus cualidades mercantiles, su laboriosidad, le adelantase dinero para abrir otra lonja; pero Ríopardo dice tristemente a su antigua y fiel clientela:

—Ya no tengo ilusión... ¡Una esposa y un dependiente como los que perdí no he de encontrarlos nunca!

El Imparcial, 16 noviembre 1896.

La religión de Gonzalo

—¿Y qué tal tu marido? —preguntó Rosalía a su amiga de la niñez Beatriz Córdoba, aprovechando el momento de intimidad y confianza que crea entre dos personas la atmósfera común, tibia de alientos y saturada de ligeros perfumes, de una berlina bien cerrada, bien acolchada rodando por las desiertas calles del Retiro a las once de una espléndida y glacial mañana de diciembre.

—¿Mi marido? —contestó Beatriz marcando sorpresa, porque creía que su completa felicidad debía leerse en la cara—. ¿Mi marido? ¿No me ves? ¡Otro así!...

Por la de nadie cambiaría yo mi suerte...

Rosalía hizo un gestecillo, el mohín de instinto malévolo con que los mejores amigos acogen la exhibición de la ajena dicha, y murmuró impaciente:

—Mira; yo no te pregunto de interioridades. No soy tan indiscreta... Me refería a las ideas religiosas... ¿No te acuerdas?... ¡Gonzalo era... así.... de la cáscara amarga, vamos!

Beatriz guardó silencio algunos instantes; y después, como se resolviese a completas revelaciones, de esas que hacemos más por oírnos a nosotros mismos que porque un amigo las escuche, se volvió hacia su compañera de encierro, y alzando el velito a la altura de la nariz par emitir libremente la voz, habló aprisa:

¡La irreligiosidad de Gonzalo! ¿Y si te dijese que por ella estuvimos a punto de no casarnos nunca? La pura verdad. Tú ya sabes que Gonzalo es mi primo, y mi familia y la suya siempre soñaron con hacer la boda, hasta que la mala reputación de Gonzalo en materias religiosas desbarató por completo el proyecto. Bien conociste a la pobre mamá, y no extrañarás si te digo que llegó al extremo de cerrarle la puerta a Gonzalo a piedra y lodo; vino diez veces por lo menos ¡y siempre habíamos salido! «Reconozco —decía mamá— que mi sobrino es muy simpático, que ha recibido una educación escogida, que posee una ilustración más que mediana; no puede negar su hermosa figura, ni su clara inteligencia, ni su caballerosidad; tiene mi sangre, no le faltan bienes de fortuna.... pero me horroriza pensar que no cree en nada y ni se toma el trabajo de disimularlo. Malo es padecer desvaríos del alma, y peor no ocultarlos siquiera.» Al escuchar estas cosas yo salía a la defensa de Gonzalo: no me era posible dejar de quererle... un poco... es decir, ¡mucho!

Francamente, le seguía queriendo, incapaz de olvidar los tiempos en que le consideraba mi novio. Mamá notó de qué pie cojeaba su hija, y, para desimpresionarme, arregló mis bodas con Leoncio Díaz Saravia, el que ahora es subsecretario de Gobernación; era muchacho de valía, se le presentaba un porvenir brillante; pero así y todo, yo no estaba entusiasmada; a lo sumo, me resignaba, sin frío ni calor, al casamiento. ¡Somos tan raros! lo único que me prestaba cierta tranquilidad, lo que me daba fuerzas cuando sentía sobre mí el peso abrumador de una tristeza involuntaria, era la voz que corría de que Gonzalo no quería amores, de que había resuelto no casarse jamás. «Eso lo hace por mí, por mi recuerdo», pensaba yo; y me consolaba al pensarlo.

—El que no se consuela... —murmuró sonriendo Rosalía, mientras alisaba con repetidos pases la blanda y densa piel de su manguito.

—Un día.... no, una noche, porque estábamos en el teatro cuando nos enteramos.... cundió la noticia de que Gonzalo, en un café, la había emprendido a bofetadas con un sujeto, y que se encontraban desafiados; lance serio, en condiciones de las que ya no se estilan, a quedar uno sobre el terreno... ¿Causa del conflicto? Voz unánime: «una mujer.» El mismo Gonzalo lo confesaba, según decían los bien informados: tratábase de una señora, insultada delante de Gonzalo, y cuya defensa había tomado éste hiriendo el rostro del villano ofensor... ¡Lo que yo sentí! ¡En qué estado volví a casa! ¡Qué noche pasé, querida Rosalía! Es lo que no puede pintarse... Aparte del terror de que matasen a Gonzalo, otra cosa me encendía la sangre y me atirantaba los nervios...

—¿Los celos?— preguntó Rosalía con malicia gozosa.

—¿Quién lo duda? Figúrate que se venían a tierra todas mis ilusiones. Que Gonzalo no me quisiese, pase, y era mucho pasar; pero que quisiese a otra tanto, hasta abofetear a la gente, hasta jugarse la vida... Yo había estado soñando por lo visto... ¡soñando como una necia! Mi novio de los primeros años, mi oculto anhelo de siempre, ni se ocupaba de mí; por otra iba a cruzar la espada, por otra a quien secretamente también prefería... ¿Quién era aquella mujer? ¿De qué sílabas se componían su nombre y su apellido? ¿Soltera? ¿Casada? Casada, de seguro, cuando tal misterio la envolvía que Gonzalo se negaba a nombrarla... Y yo daba vueltas en la cama, y la almohada se impregnaba de lágrimas calientes... Entonces me parecía estúpida mi resignación, inconcebible, absurda mi obediencia, absurda mi boda; y apenas amaneció me fui derecha al dormitorio de mi madre, y me abracé a ella en tal estado de aflicción y de transtorno, que la pobrecilla (bien recordarás lo extremosa que era en quererme) me dijo así: «Pequeña, serénate... Voy a ver qué le ha sucedido al talabarte de mi sobrino... Si está herido, te prometo cuidarle como su propia madre le cuidaría...» Herido estaba, en efecto; pero no de gravedad; su adversario sí que se llevó una buena estocada, ¡que a no resbalar en una costilla...! Así que Gonzalo pudo salir —y fue muy pronto—, vino apresurado a dar las gracias a mamá. ¡Ay Rosalía! ¡Qué impresión! Noté que me miraba.... vamos..., como otras veces, y a las primeras palabritas que deslizó estando los dos en el hueco de una ventana que daba al jardín... no lo puede remediar..., solté la pregunta difícil...: «¿Esa mujer por quien te has batido...?» Se puso encarnadísimo, lo cual me pareció mala señal, y contestó muy confuso y medio riendo: «¡Mujer!... Sí, ¡una mujer ha sido la causa!» Hice un movimiento para separarme, para huir (estaba furiosa, le hubiese pegado), y entonces él, con ese modo que tiene de decir las cosas, que no hay remedio sino creerle, exclamó: «Beatriz, no caviles... A mí no me ha dado en qué pensar, en cierto terreno y por cierto estilo, ninguna mujer, sino una.... ¡que tú conoces mucho...! ¡Ea! no te alteres, no pongas esa cara... Si no te burlas, te enteraré... El bárbaro a quien di una lección estaba injuriando...» «¿A quién?», pregunté con afán, al ver que Gonzalo se paraba. «A... a la Virgen María...» «¡A la Virgen María!», repetí yo, atónita. «Justamente... Por mi honor que es verdad... Ya conozco que te parecerá raro... Por eso no permití que se divulgase; más vale que se figuren otra cosa; así, al menos, no se reirán de mí..., no me llamarán quijote...» «Pero tú..., Gonzalo.... tú.... entonces... Y mamá, que dice que tú.... que tus creencias», tartamudeé, temiendo asfixiarme de alegría. «¿Qué tienen que ver las creencias? —me replicó él casi con dureza—. La Virgen es una mujer..., y delante de quien tenga vergüenza y manos, a una mujer no se la ofende...»

....

Rosalía callaba sorprendida; Beatriz, conmovida, afectaba mirar hacia fuera, a los árboles despojados de hoja, finos como arborizaciones de ágata sobre el cielo puro.

—¿Y después, sin más, os casasteis? —interrogó la amiga con picardía y sorna.

—Sin más —respondió con energía Beatriz—. Mamá dijo que Gonzalo, a su manera, tenía religión, tenía una fe.., el honor, ¿sabes?, y que la Virgen haría lo que faltaba... y lo hizo, Rosalía. ¡Mi marido, cuando voy yo a misa.... no se queda ya a la puerta!

Blanco y Negro, núm. 350, 1898.

El panorama de la princesa

El palacio del rey de Magna estaba triste, muy triste, desde que un padecimiento extraño, incomprensible para los médicos, obligaba a la princesa Rosamor a no salir de sus habitaciones. Silencio glacial se extendía, como neblina gris, por las vastas galerías de arrogantes arcadas, y los salones revestidos de tapices, con altos techos de grandiosas pinturas, y el paso apresurado y solícito de los servidores, el andar respetuoso y contenido de los cortesanos, el golpe mate del cuento de las alabardas sobre las alfombras, las conversaciones en voz baja, susurrantes apenas, producían impresión peculiar de antecámara de enfermo grave. ¡Tenía el rey una cara tan severa, un gesto tan desalentado e indiferente para los áulicos, hasta para los que antaño eran sus amigos y favoritos! ¿A qué luchar? ¡La princesa se moría de languidez... Nadie acertaba a salvarla, y la ciencia declaraba agotados sus recursos!

Una mañana llegó a la puerta del palacio cierto viejo de luenga barba y raída hopalanda color avellana seca, precedido de un borriquillo, cuyos lomos agobiaba enorme caja de madera ennegrecida. Intentaron los guardias desviar con aspereza al viejo y a su borriquillo pero titubearon al oír decir que en aquella caja tosca venían la salud y la vida de la princesa Rosamor. Y mientras se consultaban, irresolutos, dominados a pesar suyo por el aplomo y seguridad con que hablaba el viejo, un gallardo caballero desconocido, mozo y de buen talante, cuya toca de plumas rizaba el viento, cuya melena oscura caía densa y sedosa sobre un cuello moreno y erguido, se acercó a los guardias, y con la superioridad que prestan el rico traje y la bizarra apostura, les ordenó que dejasen pasar al anciano, si no querían ser responsables ante el rey de la muerte de su hija; y los guardias, aterrados, se hicieron atrás, el anciano pasó, y el jumentillo hirió con sus cascos las sonoras losas de mármol del gran patio donde esperaban en fila las carrozas de los poderosos. En pos del viejo y el borriquillo, entró el mozo también.

Avisado el rey de que abajo esperaba un hombre que aseguraba traer en un cajón la salud de la princesa, mandó que subiese al punto; porque los desesperados de un clavo ardiendo se agarran, y no se sabe nunca de qué lado lloverá la Providencia. Hubo entre los cortesanos cuchicheos y alguna sonrisa reprimida pronto, al ver subir a dos porteros abrumados bajo el peso de la enorme caja de madera, y detrás de ellos al viejo de la hopalanda avellana y al lindo hidalgo de suntuoso traje a quien nadie conocía; pero la curiosidad, más aguda que el sarcasmo, les devoraba el alma con sus dientecillos de ratón, y no tuvieron reposo hasta que el primer ministro, también algo alarmado por la novedad, les enteró de que la famosa caja del viejo solo contenía un panorama, y que con enseñarle las vistas a la princesa aquel singular curandero respondía de su alivio. En cuanto al mozo, era el ayudante encargado de colocarse detrás de una cortina sin ser visto, y hacer desfilar los cuadros por medio de un mecanismo original. Inútil me parece añadir que al saber en qué consistía el remedio, los cortesanos, sin perder el compás de la veneración monárquica, se burlaron suavemente y soltaron muy donosas pullas.

Entre tanto, instalábase el panorama en la cámara de la princesa, la cual, desde el mismo sillón donde yacía recostada sobre pilas de almohadones, podía recrearse en aquellas vistas que, según el viejo continuaba afirmando terminantemente, habían de sanarla. Oculto e invisible, el galán hizo girar un manubrio, y empezaron a aparecer, sobre el fondo del inmenso paño extendido que cubría todo un lado de la cámara, y al través de amplio cristal, cuadros interesantísimos. Con una verdad y un relieve sorprendentes, desfilaron ante los ojos de la princesa las ciudades más magníficas, los monumentos más grandiosos y los paisajes más admirables de todo el mundo. En voz cascada, pero con suma elocuencia, explicaba el viejo los esplendores, verbigracia, de Roma, el Coliseo, las Termas, el Vaticano, el Foro; y tan pronto mostraba a la princesa una naumaquia, con sus luchas de monstruos marinos y sus combates navales entre galeras incrustadas de marfil, como la hacía descender a las sombrías Catacumbas y presenciar el entierro de un mártir, depuesto en paz con su ampolla llena de sangre al lado. Desde los famosos pensiles de Semíramis y las colosales construcciones de Nabucodonosor, hasta los risueños valles de la Arcadia, donde en el fondo de un sagrado bosque centenario danzan las blancas ninfas en corro alrededor de un busto de Pan que enrama frondosa mata de hiedra; desde las nevadas cumbres de los Alpes hasta las voluptuosas ensenadas del golfo partenópeo, cuyas aguas penetran vueltas líquido zafiro bajo las bóvedas celestes de la gruta de azur, no hubo aspecto sublime de la historia, asombro de la naturaleza ni obra estupenda de la actividad humana que no se presentase ante los ojos de la princesa Rosamor —aquellos ojos grandes y soñadores, cercados de una mancha de livor sombrío, que delataba los estragos de la enfermedad—. Pero los ojos no se reanimaban; las mejillas no perdían su palidez de transparente cera; los labios seguían contraídos, olvidados de las sonrisas; las encías marchitas y blanquecinas hacían parecer amarilla la dentadura, y las manos afiladas continuaban ardiendo de fiebre o congeladas por el hielo mortal. Y el rey, furioso al ver defraudada una última esperanza, más viva cuanto más quimérica, juró enojadísimo que ahorcaría de muy alto al impostor del viejo, y ordenó que subiese el verdugo, provisto de ensebada soga, a la torre más eminente del palacio, para colgar de una almena. a vista de todos, al que le había engañado. Pero el viejo, tranquilo y hasta desdeñoso, pidió al rey un plazo breve; faltábale por enseñar a la princesa una vista, una sola de su panorama, y si después de contemplarla no se sentía mejor, que le ahorcasen enhorabuena, por torpe e ignorante. Condescendió el rey, no queriendo espantar aún la vana esperanza postrera, y se salió de la cámara, por no asistir al desengaño. Al cuarto de hora, no pudiendo contener la impaciencia, entró, y notó con transporte una singular variación en el aspecto de la enferma; sus ojos relucían; un ligero sonrosado teñía sus mejillas flacas; sus labios palpitaban enrojecidos, y su talle se enderezaba airoso como un junco. Parecía aquello un milagro, y el rey, en su enajenación, se arrancó del cuello una cadena de oro y la ofreció al viejo, que rehusó el presente. La única recompensa que pedía era que le dejasen continuar la cura de la princesa, sin condiciones ni obstáculos, ofreciendo terminarla en un mes. Y, loco de gozo, el rey se avino a todo, hasta a respetar el misterio de aquella vista prodigiosa que había empezado a devolver a su hija la salud.

No obstante —transcurrida una semana y confirmada la mejoría de la enferma, mejoría tan acentuada que ya la princesa había dejado su sillón, y, esbelta como un lirio, se paseaba por el aposento y las galerías próximas, ansiosa de respirar el aire, animada y sonriente—, anheló el rey saber qué octava maravilla del orbe, qué portentoso cuadro era aquel, cuya contemplación había resucitado a Rosamor moribunda. Y como la princesa, cubierta de rubor, se arrojase a sus pies suplicándole que no indagara su secreto, el rey, cada vez más lleno de curiosidad, mandó que sin dilación se le hiciese contemplar la milagrosa última vista del panorama. ¡Oh, sorpresa inaudita! Lo que se apareció sobre el fondo del inmenso paño negro, al través del claro cristal, no fue ni más ni menos que el rostro de un hombre, joven y guapo, eso sí, pero que nada tenía de extraordinario ni de portentoso. El rostro sostenía con dulzura y pasión a la princesa, y ella pagaba la sonrisa con otra no menos tierna y extática... El rey reconoció al supuesto ayudante del médico, aquel mozo gallardo, y comprendió que, en vez de enseñar las vistas de su panorama, se enseñaba a sí propio, y solo con este remedio había sanado el enfermo corazón y el espíritu contristado y abatido de la niña; y si alguna duda le quedase acerca de este punto, se la quitaría la misma Rosamor, al decirle confusa, temblorosa, y en voz baja, como quien pide anticipadamente perdón y aquiescencia:

—Padre, todos los monumentos y todas las bellezas del mundo no equivalen a la vista de un rostro amado...

Remordimiento

Conocí en su vejez a un famoso calaverón que vivía solitario, y al parecer tranquilo, en una soberbia casa, cuidándose mucho y con un criado para cada dedo, porque la fortuna —caprichosa a fuer de mujer, diría algún escritor de esos que están tan seguros del sexo de la fortuna como yo del del mosquito que me crucificó esta noche— había dispuesto (sigo refiriéndome a la fortuna) que aquel perdulario derrochase primero su legítima, después la de sus hermanos, que murieron jóvenes, luego la de una tía solterona, y al cabo la de un tío opulento y chocho por su sobrino. Y, por último, volvieron a ponerle a flote el juego u otras granjerías que se ignoran, cuando ya había penetrado en su cabeza la noción de que es bueno conservar algo para los años tristes. Desde que mi calvatrueno (llamábase el vizconde de Tresmes) llegó a persuadirse de que interesaba a su felicidad no morirse en el hospital, cuidó de su hacienda con la perseverancia del egoísmo, y no hubo capital mejor regido y conservado. Por eso, al tiempo que yo conocí al vizconde —poco antes de que un reuma al corazón se lo llevase al otro barrio— era un viejo rico, y su casa —desmintiendo la opinión del vulgo respecto a las viviendas de los solteros— modelo de pulcritud y orden elegante.

Miraba yo al vizconde con interés curioso, buscando en su fisonomía la historia íntima del terrible traga corazones, por quien habitaba un manicomio una duquesa, y una infanta de España habían estado a punto de echar a rodar el infantazgo y cuanto echar a rodar se puede. Si no supiese que veía al más refinado epicúreo, creería estar mirando los restos de un poeta, de un artista de uno de esos hombres que fascinan porque su acción dominadora no se limita a la materia, sino que subyuga la imaginación. Las nobles facciones de su rostro recordaban las del Volfango Goethe, no en su gloriosa ancianidad, sino más bien en la época del famoso viaje a Italia; es decir, lo que serían si Goethe, al envejecer, conservase las líneas de la juventud. Aquella finura de trazo; aquella boca un tanto carnosa; aquella nariz de vara delgada, de griega pureza en su hechura; aquellas cejas negrísimas, sutiles, de arco gentil, que acentúan la expresión de los vivos y profundos ojos; aquellas mejillas pálidas, duras, de grandes planos, como talladas en mármol, mejillas viriles, pues las redondas son de mujer o niño; aquel cuello largo, que destaca de los bien derribados hombros la altiva cabeza... todo esto, aunque en ruinas ya, subsistía aún, y a la vez el cuerpo delataba en sus proporciones justas, en su musculosa esbeltez, algo recogida como de gimnasta, la robustez de acero del hombre a quien los excesos ni rinden ni consumen. Verdad que estas singulares condiciones del vizconde las adivinaba yo por la aptitud que tengo para restar los estragos de la vejez y reconstruir a las personas tal cual fueron en sus mejores años.

Gustaba el vizconde de charlar conmigo, y a veces me refería lances de su azarosa vida, que no serían para contados, si él no supiese salvar los detalles escabrosos con exquisito aticismo, y cubrir la inverecundia del fondo con lo escogido de la forma. No obstante, en las narraciones del vizconde había algo que me sublevaba, y era la absoluta carencia de sentido moral, el cinismo frío, visible bajo la delicada corteza del lenguaje. Punzábame una curiosidad, y pensaba para mí: «¿Será posible que este hombre, que para sus semejantes ha sido no solo inútil, sino dañino; que ha libado el jugo de todas las flores sacando miel para embriagarse de ella, aunque la destilase con sangre y lágrimas; este corsario, este negrero del amor, repito, será posible que no haya conservado nada vivo y sano bajo los tejidos marchitos por el libertinaje? ¿No tendrá un remordimiento, no habrá realizado un acto de abnegación, una obra de caridad?»

Un día me resolví a preguntárselo directamente.

—Porque al fin —le dije—, en las batallas que usted solía ganar haya muertos y heridos; solo que, como en las heridas de estilete, la hemorragia es interna, pues el honor manda callar y sucumbir en silencio. ¡Cuántos maridos, cuántos hermanos, cuántos padres (sin hablar de las propias víctimas) habrán ardido por culpa de usted en un infierno de vergüenza!

—¡Bah! No lo crea usted —respondía el Don Juan sin alterarse en lo más mínimo—. En estas cuestiones, los expertos somos un poquillo fatalistas. ¡Lo escrito se cumple! Y lo que yo, por escrúpulos más o menos justificados, desperdiciase, otro lo recogería, quizá con menos arte, tino y miramiento que yo. La pavía madura cuelga de la rama y va por instantes a desprenderse del tallo. El que pasa y la coge suavemente le ahorra el sonrojo de caer al suelo, de mancharse, de ser pisada...

Al ver que su extraño razonamiento me dejaba algo perplejo, el vizconde añadió:

—A pesar de todo, confieso que hice un acto de abnegación y que tengo un remordimiento...

Esperé, y el viejo, apoyando la barba en dos dedos de la mano izquierda, habló con lentitud y en tono menos irónico que de costumbre:

—Ha de saber usted que tuve una hermana que se casó y se murió casi enseguida (en mi casa todos murieron jóvenes y tísicos, excepto yo, que absorbí la fuerza que debía repartirse entre los demás). Mi cuñado, poco después, se cayó de un caballo y no sobrevivió a la caída. Quedó una niña, bonita como un serafín. Yo era su tutor, y aunque cuidé bien de su educación y de sus intereses, la veía poco, porque no me gustaban los chiquillos. Vino la pubertad, y entonces la criatura tomó formas menos angélicas y más apetecibles para los humanos. Y, cosa rara, si de chiquilla, al verme, se deshacía en fiestas y se volvía loca de gozo, ya de mujercita no parecía sino que la afligía mi presencia. y me acuerdo que hasta sufrió un síncope porque le di un beso paternal... Paternal (se lo afirmo a usted bajo palabra de honor), porque tenemos la tontería de figurarnos que los que conocimos niños no llegan nunca a personas mayores...

Con todo, ciertos errores pronto se disipan, y como los síntomas iban acentuándose, no tardé en conocer la índole de la enfermedad... La muchacha repito que era una hermosura. Le enseñaré a usted su retrato, y me dirá si exagero. Aparte de esto de la belleza, nunca vi mujer que más traspasada se mostrase. Rendida ya, vencida por fuerza superior a su albedrío, lejos de huirme me seguía y buscaba incesantemente, y se leía en sus ojos, en su voz y en sus menores acciones que era tan mía, tan mía, que podía yo marcarle en la frente la ese y el clavo. Mi edad era entonces la de las pasiones violentas; tenía treinta y ocho años...; pero ¡así y todo!...

—¿No se resolvió usted a coger la pavía?

—No era pavía, como usted verá —respondió el calaverón, frunciendo las cejas—. Lo que puedo decir a usted es que al comprender la realidad, huí de mi sobrina, viajé, y estuve ausente más de un año y al ver a mi regreso a la niña enferma de pasión y amartelada como nunca le hablé lo mismo que un padre, le pinté mi vida, y mi condición, y hasta mis vicios...

—Leña al fuego —interrumpí.

—¡Leña al fuego, sí, tal vez!... En fin; le dije redondamente que estaba resuelto a no casarme nunca; que no me casaría ni con Eugenia de Montijo, emperatriz de Francia...

—¿Y ella?

—Ella... Ella..., después de llorar y de ponerse más pálida y más roja y más temblorosa que una sentenciada.... acabó por decirme que..., soltero o casado, malo o bueno, rico o pobre...

—¡Comprendo!...

—Bien; pues yo..., no solo rehusé, desvié, contuve, sino que busqué marido, joven, guapo, bueno..., y con todo mi ascendiente, con mi mandato, lo hice aceptar...

¡Ya me parecía! —exclamé entusiasmado—. Una acción generosa, bonita! ¡Si no podía menos!

—Una acción detestable —repuso el vizconde cuyos labios temblaron ligeramente—. Así que se casó mi sobrina, se me cayeron a mi las escamas de los ojos, y me hice cargo de que me estaba muriendo por ella... Y la busqué, y la perseguí, y la asedié, y agoté los recursos, y solo encontré repulsa, glacial desdén, rigor tan sistemático y tan perseverante, que me di por vencido, y me salieron las primeras canas...

—Vamos, la sobrinita se encontraba bien con el marido que usted eligió...

—Tan bien... —añadió el Don Juan sombriamente—, que a los seis meses mi sobrina enfermó de pasión de ánimo, y a los diez, en la agonía, me llamó para despedirse de mí y decirme al oído que.... ¡como siempre!

Tresmes bajó la cabeza y me pareció ver que una nube Cruzada por su frente olímpica.

—Ahí tiene usted —murmuró después de una pausa— mi remordimiento. Nadie debe salirse de su vocación, y la mía no era conducir a nadie al sendero del deber y de la virtud.

Temprano y con Sol...

El empleado que despachaba los billetes en la taquilla de la estación del Norte no pudo reprimir un movimiento de sorpresa, cuando la infantil vocecica pronunció, en tono imperativo:

—¡Dos de primera.... a Paris!...

Acercando la cabeza cuanto lo permite el agujero del ventano, miró a su interlocutora y vio que era una morena de once o doce años, de ojos como tinteros, de tupida melena negra, vestida con rico y bien cortado ropón de franela inglesa, roja y luciendo un sobrerillo jockey de terciopelo granate que le sentaba a las mil maravillas. Agarrado de la mano traía la señorita a un caballerete que representaba la misma edad sobre poco más o menos, y también tenía trazas en su semblante y atavío de pertenecer a muy distinguida clase y muy acomodada familia. El chico parecía azorado; la niña, alegre, con nerviosa alegría. El empleado sonrió a la gentil pareja y murmuró como quien da algún paternal aviso:

—¿Directo o a la frontera? A la frontera... son ciento cincuenta pesetas, y...

—Ahí va dinero —contestó la intrépida señorita, alargando un abierto portamonedas.

El empleado volvió a sonreír, ya con marcada extrañeza y compasión, y advirtió:

—Aquí no tenemos bastante...

—¡Hay quince duros y tres pesetas! —exclamó la viajerilla.

—Pues no alcanza... Y para convencerse, pregunten ustedes a sus papás.

Al decir esto el empleado, vivo carmín tiñó hasta las orejas del galán, cuya mano no había soltado la damisela, y ésta, dando impaciente patada en el suelo, gritó:

—¡Bien..., pues entonces..., un billete más barato!

—¿Cómo más barato? ¿De segunda? ¿De tercera? ¿A una estación más próxima? ¿Escorial, Ávila...?

—¡Ávila... sí; Ávila.... justamente, Ávila...! —respondió con energía la del rojo balandrán.

Dudó el empleado un momento; al fin se encogió de hombros como el que dice: «¿A mí qué?, ya se desenredará este lío»; y tendió los dos billetes, devolviendo muy aligerado el portamonedas...

Sonó la campana de aviso; salieron los chicos disparados al andén; metiéronse en el primer vagón que vieron, sin pensar en buscar un departamento donde fuesen solos, y con gran asombro del turista británico que acomodaba en un rincón de la red su valija de cuero, al verse dentro del coche se agarraron de la cintura y rompieron a brincar...

....

¿Cómo principió aquella pasión devoradora, frenética, incendiaria? ¡Ah! Los orígenes primeros de lo grave y trascendental en nuestra vida son insignificantes menudencias, pequeñeces míseras, átomos morales que se asocian en un torbellino molecular, y a fuerza de dar vueltas y más vueltas sobre sí mismo, el torbellino se redondea, se solidifica, adquiere forma, toma la consistencia del diamante... No desconfiéis nunca en la vida de las cosas grandes que se presentan con imponente aparato; esas ya avisan, y hay medio de precaverse; temed a las tentaciones menudas, a los peligros sutiles e insidiosos. Toda la teoría de los microbios, hoy admitida, ¿qué es sino demostración de la importancia capital de lo infinitamente pequeño?

La pasión empezó, pues, del modo más sencillo, más inocente y más bobo... Empezó por una manía... Ambos eran coleccionistas. ¿De qué? Ya lo podéis presumir vosotros, los que frisáis en la edad de mis héroes. La afición a coleccionar suele desarrollarse entre los cuarenta y los sesenta; apenas he visto un bibliómano joven, y las tiendas de los chamarileros son más frecuentadas por señoras respetables que por alegres mozos. Hay, sin embargo, una excepción a esta regla general, y es la chifladura por reunir sellos de correos. Sin que yo niegue que pueden padecerla muy graves personajes, la verdad es que el período en que suele hacer estragos es la etapa comprendida entre los diez y los quince. Y en ese lustro auroral que separa la edad del trompo y la cuerda de la edad del pavo, vivían mis dos enamorados fugitivos del tren.

Ya se ha dicho que su galeoto, el libro de Lanzarote y Ginebra donde bebieron la ponzoña amorosa, fue el coleccionismo, la manía de la filatelia, común a entrambos. El papá de Serafina, vulgo Finita, y la mamá de Francisco, vulgo Currín, se trataban poco; ni siquiera se visitaban, a pesar de vivir en la misma opulenta casa del barrio de Salamanca; en el principal, el papá de Finita, y en el segundo, la mamá de Currín. Currín y Finita, en cambio, se encontraban muy a menudo en la escalera, cuando él iba a clase y ella salía para su colegio; pero, valga la verdad ni habrían reparado el uno en el otro si no fuera porque cierta mañana, al bajar las escaleras, Currín notó que Finita llevaba bajo el brazo un objeto, un libro encuadernado en tafilete rojo.... ¡libro tantas veces codiciado y soñado por él! «¡Mamá me debía haber comprado uno así, carambita! En cuanto me examine y saque nota, ya me lo está comprando. ¡No faltaba más! El mío es una porquería...» De esto a rogar a Finita que le enseñase el magnífico álbum de sellos mediaba un paso. Finita, en el mismo descanso de la escalera, accedió a los ruegos de Currín; pusieron el álbum sobre la repisa de la ventana, y se dieron a hojearlo con vivacidad.

—Esta página es del Perú... Mira los de las islas Hawai... Tengo la colección completa...

Y desfilaban los minúsculos y artísticos grabaditos con que cada nación marca y autoriza su correspondencia; los aristocráticos perfiles de las dinastías sajonas, que se desdeñan de mirarnos a la cara, y las burguesas y honradas fisonomías de los presidentes de Estados americanos, siempre de frente; la República francesa, con sus dos airosas figuras que se dan la mano, y el reyecillo español, con su redonda cabeza de bebé; los sellos chinos y su dragón; los turcos y su cimitarra; don Carlos, recuerdos de nuestras vicisitudes políticas, y don Amadeo, efímera memoria de la misma agitada época; los preciosos sellos de Terranova, con la testa entonces ideal del príncipe de Gales, y los fastuosos sellos de las colonias británicas, en que la abuelita Victoria aparece oficiando de emperatriz... Currín se embelesaba y chillaba de cuando en cuando, dando brincos:

—¡Ay! ¡Ay! ¡Caracoles, qué bonito! Esto no lo tengo yo...

Por fin, al llegar a uno muy raro, el de la República de Liberia, no pudo contenerse:

—¿Me lo das?

—Toma —respondió con expansión Finita.

—Gracias, hermosa —contestó el galán.

Y como Finita, al oír el requiebro, se pusiese del color de la cubierta de su álbum, Currín reparó en que Finita era muy mona, sobre todo así, colorada de placer y con los negros ojos brillantes, rebosando alegría.

—¿Sabes que te he de decir una cosa? —murmuró el chico.

—Anda, dímela.

—Hoy no.

La doncella francesa que acompañaba a Finita al colegio había mostrado hasta aquel instante risueña tolerancia con la digresión filatélica; pero parecióle que se prolongaba mucho, y pronunció un mademoiselle, s'il vous plait, que significaba: «Hay que ir al colegio rabiando o cantando, conque..., una buena resolución.»

Currín se quedó admirando su sello... y pensando en Finita. Era Currín un chico dulce de carácter, no muy travieso, aficionado a los dramas tristes, a las novelas de aventuras extraordinarias y a leer versos y aprendérselos de memoria. Siempre estaba pensando que le había de suceder algo raro y maravilloso; de noche soñaba mucho y, con cosas del otro mundo o con algo procedente de sus lecturas. Desde que coleccionaba sellos soñaba también con viajes de circunnavegación y países desconocidos, a lo cual contribuía mucho el ser decidido admirador de Julio Verne... Aquella noche realizó dormido una excursioncita breve... a Terranova, al país de los sellos hermosos. Mejor dicho, no era excursión, sino instantánea traslación; y en una playa orlada de monolitos de hielo, que alumbraba una aurora boreal, Finita y él se paseaban muy serios, cogidos del brazo...

Al otro día, nuevo encuentro en la escalera. Currín llevaba duplicados de sellos para obsequiar a Finita. En cuanto la dama vio al galán, sonrió y se acercó con misterio:

—Aquí te traigo esto... —balbució él. Finita puso un dedo sobre los labios, como para indicar al chico que se recatase de la francesa; pero costándole a Currín que no había en el obsequio de los sellos malicia alguna, fue muy resuelto a entergarlos. Finita se quedó, al parecer, algo chafada; sin duda, esperaba otra cosa, misteriosa, ilícita, y llegándose vivamente a Currín, le dijo entre dientes:

—¿Y... aquello?

—¿Aquello?...

—Lo que me ibas a decir ayer...

Currín suspiró, se miró a las botas y salió con esta pata de gallo:

—Si no era nada...

—¡Cómo nada! —articuló Finita, furiosa—. ¡Pareces memo de la cabeza! Nada, ¿eh?

Y el muchacho, dando tormento al rey Leopoldo de Bélgica, que apretaba entre sus dedos se puso muy cerquita del oído de la niña, y murmuró suavemente:

—Sí, era algo... Quería decirte que eres... ¡más guapita!

Y espantado de su osadía echó a correr escalera abajo, y del portal salió en volandas a la calle.

Al otro día Currín escribió unos versos (poseo el original) en que decía a su tormento:

> Nace el amor de la nada;
> de una mirada tranquila;
> al girar de una pupila
> e halla un alma enamorada...

Endeblillos y todo, graves autores aseguran que Currín los sacó de un libro que le prestó un compañero... Mas ¿qué importa? El caso es que Currín se sentía como lo pintaban los versos: enamorado, atrozmente enamorado... No pensaba más que en Finita; se sacaba la raya esmeradamente, se compró una corbata nueva y suspiraba a solas.

Al fin de la semana eran novios en regla. La doncella francesa cerraba los ojos... o no veía, creyendo buenamente que de sellos se hablaba allí, y aprovechaba el ratito charlando también de lo que le parecía con su compatriota el cocinero...

Cierta tarde creyó el portero que soñaba, y se frotó los ojos. ¿No era aquélla la señorita Serafina, que pasaba sola, con un saquillo de piel al brazo? ¿Y no era aquel que iba detrás el señorito Currín? ¿Y no se subían los dos a un coche de punto, que salía echando diablos? «¡Jesús, María y José! ¡Pero cómo están los tiempos y las costumbres! ¿Y adónde irán? ¿Aviso o no aviso a los padres? ¿Qué hace en este apuro un hombre de bien? ¿Me recibirán con cajas destempladas.... o caerá una propinaza de las gordas?»

—Oye, tú —decía Finita a Currín, apenas el tren se puso en marcha—: Avila ¿cómo es? ¿Muy grande? ¿Bonita lo mismo que París?

—No... —respondió Currín con cierto escepticismo amargo—. Debe de ser un pueblo de pesca.

—Pues entonces..., no conviene quedarse allí. Hay que seguir a París. Yo quiero ver a París a todo trance; y también quiero ver las Pirámides de Egipto.

—Sí... —murmuró Currín, por cuya boca hablaban el buen sentido y la realidad—, pero.... ¿y los monises?

—¿Los monises? —contestó, remedándole, Finita—. Eres más bobo que el que asó la manteca. ¡Se pide prestado!

—¿Y a quién?

—¡A cualquiera!

—¿Y si no nos lo quieren dar?

—¿Y por qué no, melón de arroba? Yo tengo reloj que empeñar. Tú también. Empeño, además, el abrigo nuevo; me va asando de calor. No sirves para nada... ¡Escribimos a papás que nos envíen... un..., un bono.... no, una letra! Papá las está mandando cada día a París y a todas partes.

—Tu papá estará echando chispas... ¡Nos mandará un demontre!... Como mi mamá... ¡La hicimos, Finita!... No sé qué será de nosotros.

—Pues se empeña el reloj, y en paz... ¡Ay! ¡Lo que nos divertiremos en Avila! Me llevarás al café.... y al teatro.... y al paseo...

Cuando oyeron cantar: «¡Avila! ¡Veinticinco minutos!...», saltaron del tren; pero al sentar el pie en el andén se quedaron indecisos, aturrullados. La gente salía, se atropellaban hacia la fonda, y los enamorados no sabían qué hacer.

—¿Por dónde se va a Avila? —preguntó Currín a un faquino, que viendo a dos niños sin equipaje se encogió de hombros y se alejó.

Por instinto se encaminaron a una puerta, entregaron sus billetes y, asediados por un solícito mozo de fonda, se metieron en el coche, que los llevó a la del Inglés...

Acababa de recibir el señor gobernador de Avila telegrama de Madrid «interesando la captura» de la apasionada pareja. Era urgentísimo el aviso, y delataba la congoja de una familia sumida en la angustia y la desesperación. Mejor dicho, dos familias debían de ser las desesperadas. La captura se verificó en toda regla, no sin risa por un lado y declamaciones lo que «cunde la inmoralidad», por otro.

Los fugitivos fueron llevados a Madrid, y acto continuo, Finita quedó internada en las Dames anglaises y Currín en un colegio de donde no se le permitió salir en un año, ni aun los domingos. Con motivo del trágico suceso, el papá de Finita y la mamá de Currín se relacionaron y conferenciaron largo y tendido, quedando acordes en que era preciso «echar tierra», «desorientar la opinión...», «hacer la conspiración del silencio». Con tal motivo el papá de Finita reparó en lo bien conservada que estaba la mamá de Currín, y ésta notó en el banquero excelentes condiciones de hombre práctico en los negocios y de caballero galán con las damas. Su amistad se consolidó, y hay quien cree que se visitan a menudo.

No se presume, sin embargo, que jamás se hayan escapado juntos... ¿Para qué?

Cuentos escogidos, 1891.

Sí, señor

Lo que voy a contar no lo he inventado. Si lo hubiese inventado alguien, si no fuese la exacta verdad, digo que bien inventado estaría; pero también me corresponde declarar que lo he oído referir... Lo cual disminuye muchísimo el mérito de este relato y obliga a suponer que mi fantasía no es tan fértil y brillante como se ha solido suponer en momentos de benevolencia.

¿Eres tímido, oh tú, que me lees? Porque la timidez es uno de los martirios ridículos; nos pone en berlina, nos amarra a banco duro. La timidez es un dogal a la garganta, una piedra al pescuezo, una camisa de plomo sobre los hombros, una cadena a las muñecas, unos grillos a los pies... Y el puro género de timidez no es el que procede de modestia, de recelo por insuficiencia de facultades. Hay otro más terrible: la timidez por exceso de emoción; la timidez del enamorado ante su amada, del fanático ante su ídolo.

De un enamorado se trata en este cuento, y tan enamorado. que no sé si nunca Romeo el veronés, Marsilla el turolense o Macías el galaico lo estuvieron con mayor vehemencia.

No envidiéis nunca a esta clase de locos. A los que mucho amaron se los podrá perdonar y compadecer; pero envidiarlos, sería no conocer la vida. Son más desventurados que el mendigo que pide limosna; más que el sentenciado que, en su cárcel cuenta las horas que le quedan de vida horrible... Son desventurados porque tiene dislocada el alma, y les duele a cada movimiento...

Doble su desdichada si la acompaña el suplicio de la timidez. Y la timidez, en bastantes casos, se cura con la confianza; pero la hay crónica e invencible. La hay en maridos que llevan veinte años de unión conyugal y no se han acostumbrado a tener franqueza con sus mujeres; en mujeres que, viviendo con un hombre en la mayor intimidad, no se acercan a él sin temor y temblor... Generalmente, sin embargo, se presenta el fenómeno durante ese período en que el amor, sin fueros y sin gallardías, se estremece ante un gesto o una palabra... Y éste era el caso de Agustín Oriol, perdidamente esclavo de la coquetuela y encantadora condesa viuda de Dolfos.

Dícese que una viuda es más fácil de galantear que una soltera; pero en estas cuestiones tan peliagudas, yo digo que no hay reglas ni axiomas. Cada persona difiere o por su carácter o por el mismo exceso de su apasionamiento.

Agustín sentía, al acercarse a la condesa, todos los síntomas de la timidez enfermiza, y mientras a solas preparaba declaraciones abrasadoras, discursos perfectamente hilados y tan persuasivos que ablandarían las piedras, lo cierto es que en presencia de su diosa no sabía despegar los labios; su garganta no formaba sonidos, ni su pensamiento coordinaba ideas... Todos reconocerán que este estado tiene poco de agradable, y que Agustín no era dichoso, ni mucho menos.

Vanamente apelaba a su razón para vencer aquella timidez estúpida... Su razón le decía que él, Agustín Oriol de Lopardo, caballero por los cuatro costados, joven con hacienda, inteligencia y aptitudes para abrirse camino, era un excelente candidato a la mano de cualquiera mujer, por bonita y encopetada que se la suponga... ¿Por qué no había de quererle la condesa? ¿Por qué, vamos a ver, por qué? Él debía acercarse a ella ufano, arrogante, seguro de su victoria. Y todas las noches, al retirarse a su casa, se lo proponía..., y al día siguiente procedía lo mismo que el anterior. Se insultaba a sí mismo; se trataba de menguado, de necio, pero no podía vencerse... No podía, y no podía.

De modo que, al año próximamente de un enamoramiento tan intenso que le ocasionaba trastornos cardíacos, violentos hasta el síncope, Agustín no había cruzado aún palabra, lo que se dice palabra, con su idolatrada viuda. Iba a todas partes donde podía encontrarse con ella, pasaba muchas veces por debajo de sus balcones, se trasladaba a San Sebastián el mismo día que ella y en el mismo tren..., y aún ignoraría el sonido de su voz si no hubiese prestado ansioso oído a las conversaciones que ella sostenía con otras personas...

Por fin, un día —precisamente en San Sebastián— presentose rodada la ocasión de romper el hielo. Fue en la terraza del Casino, a la hora en que una muchedumbre elegantemente ataviada respira el aire y escucha o, por mejor decir, no escucha la música, sino las infinitas charlas, que hacen otro rumor más contenido y más suave, como de colmena. Agustín estaba muy próximo a su amada, y devoraba con los ojos el perfil fino, asomando bajo el sombrero todo empenachado de plumas. Ella le observaba de reojo, y viéndole tan cerca, de pronto sintió impulsos de dirigirle la palabra. No era correcto, no era serio, no era propio de una señora...

Bueno. Por encima de las fórmulas sociales están las circunstancias, ¡y ay de estas irregularidades que todo el mundo comete, cuando a ello le empuja un fuerte estímulo!...

La viudita no podía menos de haber notado aquella adoración profunda, continua que la rodeaba como el cuerpo astral al cuerpo visible, y sentía una curiosidad femenil, ardorosa, el afán de saber qué diría aquel adorador mudo, que la bebía y la respiraba. Resuelta, con sonriente afabilidad, con un alarde infantil que disimulaba lo aturdido del procedimiento, exclamó:

—¡Qué noche tan hermosa! ¿Verdad que es una delicia?

Agustín sintió como si campanas doblasen en su cerebro, no sabía si a muerte o si a gloria; su sangre giró de súbito, sus oídos zumbaron.... y con tartajosa lengua, con voz imposible de reconocer, con un acento ronco y balbuciente, soltó esta frase:

—¡Sí.... señor! ¡Sí..., señor!

Fue como si otro hubiese hablado... Un individuo zumbón, dentro de Agustín, se reía sardónico, se mofaba de la extravagante respuesta... ¡Acababa de llamar «señor» a la única mujer que para él existía en el mundo! ¡No se le había ocurrido sino tal inepcia! Y ahora, con la lengua seca y el corazón inundado de bochorno, tampoco se le ocurría más. ¡Qué había de ocurrírsele! La terraza daba vueltas, el suelo huía bajo sus pies... Exhaló un gemido ronco, se llevó las manos a la cabeza y, levantándose, tambaleándose, huyó sin volver la vista atrás. Aquella noche pensó varias veces en el suicidio.

A la mañana siguiente, sintiéndose incapaz de presentarse de nuevo ante la que ya debía despreciarle, salió para Francia en el primer tren. Estuvo ausente muchos años. En ellos no volvió a saber de su adorada. Un día leyó en un periódico que se había casado. Todavía la noticia le causó grave pena. Después lentamente, fue olvidando, nunca del todo.

Habían corrido cerca de cuatro lustros. Las canas rafagueaban el negro cabello de Agustín, cuando en uno de sus viajes entró una señora con dos señoritas en el mismo departamento. Agustín la reconoció.... y aún su cora-

zón (del cual padecía) le avisó de que era ella; muy cambiada, muy enveje-
cida, pero ella.

¿Fue reconocido Agustín? No se sabe. Lo cierto es que se trabó conversación entre ambos viajeros, y que esta vez no habiendo el estorbo de un
amor tan insensato, Agustín charló sin recelo, y las horas corrieron sin sentir.
La viajera habló de su juventud, y murmuró confidencialmente:

—De cuantos homenajes han podido tributarme, el que más agradecí,
porque era el más sincero, consistió en que un joven, que me seguía como
mi sombra, me contestase, al dirigirle yo por primera vez la palabra: «Sí,
señor...» ¿Comprende usted? Era tal su aturdimiento, que no acertó a decir
otra cosa... Los requiebros más entusiastas no pueden halagar tanto a una
mujer como una turbación, que solo puede interpretarse como señal de
pasión verdadera...

—¿De modo... que usted no se rió de aquel hombre? —preguntó Agustín.

—Al contrario... —respondió la señora, con acento en que parecía temblar
una lágrima.

La Ilustración Española y Americana, núm. 45, 1909.

Libros a la carta

A la carta es un servicio especializado para
empresas,
librerías,
bibliotecas,
editoriales
y centros de enseñanza;
y permite confeccionar libros que, por su formato y concepción, sirven a los propósitos más específicos de estas instituciones.

Las empresas nos encargan ediciones personalizadas para marketing editorial o para regalos institucionales. Y los interesados solicitan, a título personal, ediciones antiguas, o no disponibles en el mercado; y las acompañan con notas y comentarios críticos.

Las ediciones tienen como apoyo un libro de estilo con todo tipo de referencias sobre los criterios de tratamiento tipográfico aplicados a nuestros libros que puede ser consultado en Linkgua-ediciones.com.

Linkgua edita por encargo diferentes versiones de una misma obra con distintos tratamientos ortotipográficos (actualizaciones de carácter divulgativo de un clásico, o versiones estrictamente fieles a la edición original de referencia).

Este servicio de ediciones a la carta le permitirá, si usted se dedica a la enseñanza, tener una forma de hacer pública su interpretación de un texto y, sobre una versión digitalizada «base», usted podrá introducir interpretaciones del texto fuente. Es un tópico que los profesores denuncien en clase los desmanes de una edición, o vayan comentando errores de interpretación de un texto y esta es una solución útil a esa necesidad del mundo académico.

Asimismo publicamos de manera sistemática, en un mismo catálogo, tesis doctorales y actas de congresos académicos, que son distribuidas a través de nuestra Web.

El servicio de «libros a la carta» funciona de dos formas.

1. Tenemos un fondo de libros digitalizados que usted puede personalizar en tiradas de al menos cinco ejemplares. Estas personalizaciones pueden ser de todo tipo: añadir notas de clase para uso de un grupo de estudiantes,

introducir logos corporativos para uso con fines de marketing empresarial, etc. etc.

2. Buscamos libros descatalogados de otras editoriales y los reeditamos en tiradas cortas a petición de un cliente.